RECHT UND JURISTEN
IN MÜNCHENS VERGANGENHEIT

Den Teilnehmern
des 43. Deutschen Juristentags
München 1960

Patrona Bavariae

O. G. Fischbach

RECHT UND JURISTEN IN MÜNCHENS VERGANGENHEIT

Ein Spaziergang durch Münchens Straßen

1960

CARL HEYMANNS VERLAG KG

Gesetzt in der Linotype-Garamond
und gedruckt von der
Peter-Presse Christoph Kreickenbaum KG Darmstadt
Bildernachweis: Münchener Stadtmuseum
A. Lengauer, Bauer-Oltsch
Typographie Robert Niebler Köln

Carl Heymanns Verlag KG · Köln · Berlin · Bonn · München
Verlagsarchiv 15 867 · Printed in Germany

INHALT

EIN SPAZIERGANG DURCH MÜNCHENS STRASSEN

Wer vom Hauptbahnhof mit seiner imposanten, jetzt erst fertiggestellten Glas- und Stahlgerüstfassade kommend ins Stadtinnere gelangen will, kann drei Wege einschlagen: ganz rechts die verkehrsreiche Bayerstraße, genannt wohl nach dem Bürgermeister *von Bayer,* der sich um die Kanalisation Münchens verdient gemacht hat; in der Mitte die Schützenstraße, die auf ihr Ziel, den ehemaligen Schießstand der Münchener hinweist; und ganz links die Prielmayerstraße, zu Ehren *Corbinian Prielmayer von Priel* so benannt, des Instruktors, späteren Hofkammerpräsidenten und zuletzt Premiers des Kurfürsten *Max Emanuel.* Der Name und die Stellung dieses bedeutenden Staatsmannes hätten allein wohl kaum dazu ausgereicht, ihm zu Ehren eine Straße zu benennen, hätte nicht ein Nachfahre dieses Ministers, der Kgl. Appellationsgerichtsrat *Franz Xaver von Prielmayer* (1767–1824) in der damals noch ländlichen Gegend am Herzoggartengasserl ein Landhaus besessen. Dieses »Prielmayerschlößchen« fiel beim Ausbau der Zufahrtstraße zum Bahnhof der Spitzhacke zum Opfer. *Franz Xaver von Prielmayer* erwirkte aus Anlaß der Enteignung seines Schlößchens auf Grund eines Gesuches an den Wohllöblichen Magistrat (wahrscheinlich im Zusammenhang mit einer »angemessenen« Entschädigung), daß die neue Straße später durch Beschluß vom 16. 3. und 6. 4. 1886 den Namen Prielmayerstraße erhielt.

Die drei vorgenannten Straßen laufen in spitzem Winkel auf den verkehrsreichsten Platz der Stadt zu, den Karlsplatz – nach einem dort früher gelegenen Wirtshaus der »Stachus« genannt. Verkehrsstatistiker haben errechnet, daß der »Stachus« wohl

der verkehrsreichste Platz Deutschlands, wenn nicht Westeuropas sei; doch überlassen wir den Statistikern und ihren Berechnungen ruhig den Nachweis für ihre Behauptungen und kehren wir zum Thema »München als Juristenstadt« zurück.
Vordem drängt sich aber dem Verfasser, angesichts des vom Bahnhof auslaufenden dreigliederigen Straßensegments noch ein anderes städtebauliches Bild auf, das ebenfalls drei Straßen im spitzen Winkel zusammenlaufend darstellt (wenn auch im Verhältnis zu München im entgegengesetzten Sinn laufend). Gemeint ist die berühmte Straßengabelung, die von der Piazza del popolo ausgehend, den Weg in die verschiedenen Stadtteile Roms eröffnet. Ahnungsvoll glaubt der Verfasser, von dieser mehr optischen Übereinstimmung von Roms und Monachiums Stadteingang ausgehend, noch zu weit fruchtbareren Vergleichen des ultramontanen und des cismontanen Städtebildes gelangen zu können, da ruft ihn der vorwurfsvolle Blick und der entrüstete Ausruf Professor Gscheidle's »Themaüberschreitung« in die Gegenwart zurück. Seine Aufgabe ist es doch, im Straßenbild der Stadt Juristen aus Münchens Vergangenheit aufzuspüren, und mitnichten, einen kultur- und städtebaulich sicher lohnenden Vergleich zwischen Rom und München darzustellen.
Kehren wir daher zu unserem Thema zurück und stellen wir fest, daß mit der Prielmayerstraße – wie es scheint – ein ganz guter Anfang für unsere Untersuchung gemacht ist. Bei der Fortsetzung des eingeschlagenen Weges entdeckt man auf der linken Seite dieser Straße, ganz nahe beim Stachus, zwei monumentale Justizbauten, die dieser Stadtgegend ein stark »juristisches« Gepräge geben. Es ist dies der Justizpalast, ein in kräftigem Barock von *Friedrich von Thiersch* (1897) errichteter Monumentalbau, der Sitz des Land- und des Oberlandesgerichts, zugleich eine würdige Repräsentanz der Großstadt München, und – näher dem Bahnhof zu gelegen – das neue Justizgebäude vom gleichen Baumeister (1908) im typischen spätgotischen Backsteinstil erbaut. Seine fast düsteren Amtsräume beherbergen das Amtsgericht. Beide Bauten, der lichte heitere Barockbau des

Justizpalastes und das »neue« gotische Justizgebäude sind durch eine aus schweren Steinquadern zusammengesetzte Mauer (Zyklopenmauer genannt) miteinander verbunden. Diese Zusammenstellung zweier Stilrichtungen in unmittelbarer Nachbarschaft gibt städtebaulich gesehen ein wenig erfreuliches Bild. Man kann wohl annehmen, daß bei dem heutigen Stand des Städtebaues solche Verstöße gegen jedes ästhetische Gefühl kaum noch möglich sind.

Wer nun glauben möchte, in der näheren Umgebung der großen Justizgebäude Straßen mit den Namen verdienter Juristen zu finden, sieht sich allerdings enttäuscht. Auf der weiten Flur, die sich vom Justizpalast über Lenbachplatz, Maximiliansplatz bis zur Feldherrnhalle ausdehnt, findet sich kein juristischer Name von Klang verewigt mit Ausnahme des Amiraplatzes.

Überqueren wir den Lenbachplatz mit dem Blick auf den herrlichen Wittelsbacher Brunnen von *Hildebrand*, so stoßen wir auf dem Gelände der ehemaligen Herzog Maxburg auf einen weiteren Justizbau. Es ist ein mächtiger Zement- und Glaskasten mit vielen modernen Läden im Erdgeschoß, der auf der Eingangstür seiner Westseite das bayerische Löwenwappen mit der Aufschrift »Bayr. Justizverwaltung« trägt. In diesem Glashaus, im Volksmund »Justizaquarium« genannt, mit seiner einförmigen, nur durch den stehengebliebenen Campanile der alten Burg belebten Fassade, hat sich, der dringenden Raumnot gehorchend, die bayr. Justizverwaltung mit einigen Zweigen ihres Bereiches niedergelassen. Die Zweckbestimmung dieses Baues war ursprünglich, wie leicht zu erkennen ist, eine ganz andere. Der Ankauf des Objekts aus der Masse einer sanierungsbedürftigen großen Baufirma war für den Justizfiskus eine Verlegenheitslösung, zu der vor allem auch die Nähe der anderen Justizgebäude anreizte. Ziemlich weit entfernt von diesem Justizviertel liegt allerdings das Oberste Landgericht, eine Sondereinrichtung, wie sie kein sonstiges Land der Bundesrepublik besitzt. Es befindet sich in dem stillen Straßenviertel hinter dem Friedensengel (Ecke Maria Theresia- und Möhlstraße) in einer früheren großen Privatvilla. Die am »Justizaquarium« vorbeiführende Straße heißt Pacellistraße (früher Pfandhausstraße). Sie ist benannt nach dem langjährigen Nuntius *Eugenio Pacelli,* dem Freund Deutschlands und späteren Papst *Pius XII.*, einem bedeutenden Juristen aus einer römischen Magistratsfamilie.

Weitere Nachforschungen nach juristischen Namen in dem Stadtteil Lenbachplatz erweisen sich als aussichtslos. Noch weniger dürfen wir hoffen, bei einem Vordringen durch die Neuhauser und Kaufinger Straße in das verkehrsreiche Stadtinnere auf die Namen von Juristen, Staatsmännern usw. zu stoßen. Und doch offenbart sich uns hier ganz unerwartet der Name eines unserer Größten: *Johann Wolfgang von Goethe* (28.8.1749–22.3.1832), der doch »Auch-Jurist« war, wenn auch nach der akademischen Gradeinteilung nur magister juris der Universität Straßburg. Im Hause des ehemaligen Gastwirts zum »Schwarzen Adler«, Kaufinger Straße 23, erinnert im Treppenhaus eine Gedenktafel an *Goethe,* der anläßlich seiner ersten Italienreise unter dem Decknamen eines Kaufmanns Möller aus Leipzig hier übernachtet hat. Ein kunstsinniger Nachfolger im Eigentum des alten Adlerwirts hat seiner gedacht:

»Möchte sein Andenken in diesem Raum
Dein ganzes Herz erfüllen! Der verklärte
Dichter aber Dich zum Dank dafür die
wunderbare Stimmung empfinden lassen,
die ihn dereinst beseelt haben muß,
als er das herrliche Tischlied dichtete:
›Mich ergreift, ich weiß nicht wie,
Himmlisches Behagen!‹
Wir alle aber, die wir dieses Haus jetzt
und fürderhin bewohnen, wollen immerdar
des Dichterwortes eingedenk sein:
›Die Stätte, die ein guter Mensch betrat,
ist eingeweiht. Nach hundert Jahren klingt
sein Wort und seine Tat dem Enkel wieder!‹«

Die Stadt München hat *Goethes* auch gedacht in der Goethestraße und dem Goetheplatz, sowie durch ein Denkmal von *C. W. Heinemann:* »Johann Wolfgang von Goethe, Erster Staatsminister in Weimar 1815–1828«.

Gehen wir nun auf unserer Suche nach Juristennamen von unserem früheren Standort – Lenbachplatz, Maximiliansplatz – weiter, so kommen wir durch die Briennerstraße zur Ludwigstraße, die im Süden begrenzt ist durch die Feldherrnhalle – eine von *Friedrich Gärtner* (1840–1844) errichtete freie Nachbildung der Loggia dei Lanzi in Florenz – und im Norden durch das Siegestor, die monumentale Eingangspforte nach Schwabing. Die Ludwigstraße – nach König *Ludwig I.* benannt – ist nach Ansicht von Kennern eine der schönsten, wenn nicht die schönste der europäischen Hauptstadtstraßen. Sie vermittelt uns trotz der etwas einförmigen Fassaden der hier seßhaften Ministerien – darunter der Ruine des ehemaligen bayerischen Kriegsministeriums – der Universität und des gegenüberliegenden Gregorianums, der Ludwigskirche und der Staatsbibliothek ein prachtvolles, an italienische Vorbilder (Canaletto) erinnerndes Städtebild, das nur boshafte Kritiker mit dem Satz »Straße ohne Bäume und nur Fenster« abtun können. Hier muß man an einem schönen Sommertag etwa in der Höhe des Odeonsplatzes stehen, wenn unter einem seidig-blauen Himmel ein leichter Föhn uns umfächelt und die Sonne von den ockergelben Fassaden der Theatinerkirche (Fassade erbaut von *Cuvilliés* 1765–1768) und der Nachbargebäude widerstrahlt, um den gewissen Zauber einer »südlichen« Stadt zu empfinden, wie sie *Hausenstein* einst so geliebt hat.

Den rasch wieder aufkeimenden Gedanken an ein, wenn auch verkleinertes »nördliches Rom« mit seinen schönen Brunnen, zahlreichen Kirchen und Adelspalästen, unterdrückend und uns themagerecht auf Juristensuche begebend, gehen wir weiter, zumal die Zweckbestimmung der großen Amtsgebäude verheißungsvoll genug erscheint, um in den angrenzenden Straßen die Namen bedeutender Juristen oder Verwaltungsmänner zu finden. Aber auch hier keinerlei Ergebnisse. Wir finden zwar in Mengen Philosophen, Historiker, Dichter und Künstlernamen, aber keine Juristen, auch nicht in der Nähe des Verwaltungsgerichtshofs. Juristen sind offenbar wenig beliebt. Wie in einer Vernunftehe kann man von ihnen sagen: »man achtet sich, aber man liebt sich nicht«. Wie ganz anders sieht es da in Berlin aus! *Paul Weiglin* hat im Jahre 1955 ein Büchlein herausgegeben mit dem Titel »Juristischer Spaziergang in Berlin«*. Er hatte es leicht, in dem weitgedehnten Gebiet der ehemaligen Reichshauptstadt Stadtviertel oder besser Straßenblöcke festzustellen, wo die Namen von Staatsmännern, Juristen und Verwaltungsbeamten vereinigt sind.

In München gibt es derlei »geschlossene Siedlungsgebiete« juristischer Namen nicht. Zwar ist auch hier ein gewisser »kollektiver« Zug in der Straßenbenennung nicht zu verkennen. Dies beweisen namentlich in den neueren Stadtteilen Wohnblocks, die systematisch die Namen der Angehörigen bestimmter Berufsgruppen wiedergeben. So gibt es ein dem musischen Stadtcharakter angepaßtes Literaten-, Dichter-, Maler- und Bildhauer-Viertel. Eines der jüngsten und umfangreichsten befindet sich in Bogenhausen, wo die »moderne« Literatur zu Hause ist; in demselben Bogenhausen, wo es um die Sternwarte herum auch ein Astronomen-, Physiker- und Mathematiker-Viertel gibt.

Dichter-, Künstler-, selbst Historiker- und Naturwissenschaftlernamen sind eben dem Einzelnen schon von seiner Schulzeit her vertraut und erwecken in ihm Erinnerungen und Vorstellungen. Ganz anders liegen die Verhältnisse bei Juristennamen. Dem einfachen Bürger sagen diese Namen, die in Fachkreisen eine große Bedeutung haben, so gut wie gar nichts, namentlich nichts, woran ihre Phantasie sich entzünden könnte. Ganz nebenbei gesagt, sind solche nach geistigen oder künstlerischen Gesichtspunkten zusammengestellte »Straßenkonglomerate«, ge-

* Erschienen bei Carl Heymanns Verlag KG anläßlich der Tagung des Deutschen Juristentages in Berlin 1955.

rade in einer rapide anwachsenden Großstadt ein vorzügliches Orientierungsmittel. Da die Blumen-, Bäume-, Berge-, Seen-, aber auch die Dichter-, Künstler-, Gelehrtennamen sozusagen ausverkauft sind, kann vielleicht doch einmal von unseren Straßenplanern im »Nachholbedarf« und zur Belehrung der Jugend auch ein Juristenviertel wohlwollend ins Auge gefaßt werden.

Es ist nun nicht so, als ob München seine großen Juristen und Staatsmänner vergessen hätte, nur finden wir sie, wenn wir das Straßenverzeichnis durchgehen, weit über das Stadtgebiet verstreut und ohne irgendwelchen Zusammenhang mit der Umgebung. So stoßen wir auf die Namen *Amira, Eck, Feuerbach, Gönner, Ickstatt, Mittermaier, Völderndorff*, ferner *Holtzendorff, Kohlrausch, Kahr, Gg. von Mayr, Savigny, Zentner*, weiterhin *Dahn, Kreittmayr, Montgelas, Möhl, Lerchenfeld, Preysing;* die Bürgermeisternamen *Erhard, Feilitzsch, Borscht, Steinsdorff, Widenmayer* (letztere allerdings in beinahe geschlossener Folge an den Isarufern). Manche Namen suchen wir auf Straßenschildern vergeblich. Dafür tauchen unvermittelt Sachsen- und Schwabenspiegelnamen auf, ohne daß ein Grund ersichtlich wäre, der zu dieser entlegenen Bezeichnung Anlaß geboten hätte.

Eines wird aber bei dieser Betrachtung klar: mit einer Aufgliederung des mannigfachen Stoffes an Hand des Straßenverzeichnisses und der Topographie Münchens kommen wir hier – im Gegensatz zu Berlin – nicht weiter; wir müssen uns vielmehr zur Aufbereitung des umfangreichen und interessanten Stoffgebiets der *historischen* Betrachtungsweise bedienen. Zweckmäßig teilen wir die Materie in die aufeinanderfolgenden geschichtlichen Perioden ein, die sich wie kaum in einem anderen Lande mit den Regierungsperioden der Herrschergeschlechter decken.

EIN STREIFZUG DURCH DIE VERGANGENHEIT

Unter der Frühzeit Bayerns faßt man in der Regel den Zeitraum von 550–788 n. Chr. zusammen. Niemand wird erwarten dürfen, daß wir für diese Periode irgendwelche für Rechtsetzung und Rechtsprechung hervorragenden Persönlichkeiten feststellen können. Selbst die Gestalten der Herrscher sind in der Anfangszeit zum Teil in mystisches Halbdunkel gerückt. Wir wissen nur von ungefähr, daß sich um die Mitte des 6. Jahrhunderts von Böhmen kommend die Bajuwaren, Nachkommen der alten Markomannen, nach Westen in Bewegung setzten und unter Führung ihres Herzogs die von den Römern nach dem Zusammenbruch des Imperiums größtenteils verlassenen Gebiete zwischen Inn, Lech und Alpen besiedelten. Warum die Bajuwaren seinerzeit ihre Heimat in Böhmen verließen, bleibt ebenso ungeklärt wie die Ursache der meisten Völkerwanderungen jener Zeit.

Die Bajuwaren waren jedenfalls ein selbständiger Volksstamm, ein Hirten- und Bauernvolk eigener Prägung mit einer festgefügten sozialen Rechtsordnung. Dieses zeigt sich namentlich in der planvollen Besiedlung des neugewonnenen Raumes, der eine wichtige Brücke von Ost nach West bildete und dessen Rückgrat die alte Salzstraße war, die das Bayernvolk mit den westlicher wohnenden Alemannen und den nördlicher wohnenden Franken verband.

Die Aufbauarbeit dieses zähen und kernigen Volksstamms erstreckte sich über die nächsten Jahrzehnte und Jahrhunderte; sie bestand zunächst in der Rodung und Kultivierung des immerhin noch dünnbesiedelten Bodens. Es entwickelte sich ein

Am Justizpalast in der Prielmayerstrasse

Leonhard von Eck

echtes und bodenständiges Bauerntum, das seine Eigenart in diesen alten Stammlanden bis auf den heutigen Tag bewahrt hat. Als wertvollste Hilfe bei der wirtschaftlichen und kulturellen Erschließung erwies sich die beginnende Christianisierung des Landes, die in der ersten Zeit durch irische Sendboten erfolgte. Überall wurden Klöster gegründet, als Sammelpunkte nicht nur des Glaubens, sondern auch einer verfeinerten Kultur, die den günstigsten Einfluß auf Sitten, Gebräuche und Lebensart der von Natur aus derben Bewohner des Landes ausübte. Auch dürfen wir den wichtigen Einfluß nicht vergessen, den die mehrhundertjährige römische Besatzungszeit im Land zurückgelassen hatte. Es kamen ja seinerzeit nicht nur Soldaten, sondern auch ihre Familien, Händler und Gewerbetreibende und das wichtige Baugewerbe aus Italien. Aus den Castris der Besatzung erwuchsen Flecken, Städte, so z. B. das wichtige Regiomontanum — Regensburg mit dem fortifikatorisch wie kulturell wichtigen Brückenschlag über die Donau. Regensburg wurde bald die Hauptstadt des unter den *Agilolfingern* rasch aufblühenden Landes und blieb es durch die Jahrhunderte hindurch. Das Volk wählte sich nach altem germanischem Brauch seinen Herzog zum Schutz des Rechts und des Friedens und als Heerbannführer im Kriege. Auf großen jährlichen Landtagen wurden die wichtigsten Verwaltungsmaßnahmen, die notwendigen Gesetze beraten und beschlossen. Als bedeutendes Monumentum juris Germaniae scil. Bajuvariae entstand damals (779) die *Lex Bajuvariorum*, die uns wichtige Einblicke in die Staats- und Rechtsordnung des Bayernvolkes aus jener Zeit vermittelt.

Konrad Beyerle hat anläßlich der hundertjährigen Wiederkehr des Tages der Übersiedlung der Universität Landshut nach München (1926) in einer Festschrift die Lex Bajuvariorum in Faksimile veröffentlicht und in der historischen Einleitung die Entstehung dieses Volksrechts, gestützt auf *Amira's* Forschungen, etwa auf die Zeit um 800 n. Chr. festgelegt. Im Vergleich zur Lex Alemannorum hat die Lex Bajuvariorum zeitlich späteren Rang; mit dem Westgotenrecht und dem Langobardischen Edikt hat sie nur wenig, mit der Lex Burgundorum fast keine Berührungspunkte. *Beyerle* kommt bei seiner Untersuchung zu dem Ergebnis, die Lex Bajuvariorum, das Rechtsbuch für den Bayernstamm, setze sich zum großen Teil aus Rechtssätzen der damaligen benachbarten Volksrechte zusammen, enthalte aber immerhin auch eine große Menge von Eigenem. »Es ist kein auf den schöpferischen Willen eines Herrschers (oder seines Kanzlers) zurückführbares Recht, vielmehr eine Kompilation, und mithin – wie der Professor freimütig hinzufügt — eine Gelehrtenarbeit.«

Die weitere Entwicklung des Landes stand unter dem Zeichen enger Zusammenarbeit der weltlichen und der geistlichen Macht. Die römische Kirche legte im Einklang mit den Agilolfingerherzögen die Grundlage des bis in die heutigen Tage dauernden Machtbereichs. Sie rief die fränkischen Geistlichen *Rupert, Emeran* und *Corbinian* ins Land; die zentrale Leitung übernahmen die Bistümer in Regensburg, Freising und Salzburg. Ihre Gründung geht auf den heiligen *Bonifatius* zurück. Im Süden wurden vom heiligen *Benedict* die Klöster Schliersee, Chiemsee, Tegernsee, ferner Benediktbeuren, Schlehdorf und Wessobrunn – mit dem ältesten deutschen Sprachdenkmal, dem Wessobrunner Gebet – ins Leben gerufen und entfalteten eine herrliche Blüte.

Es war eine Zeit, wo man von einem *München* noch gar nichts wußte. Hier hatten im Zuge der Christianisierung des Landes schon vor Jahrzehnten die christlichen Glaubensboten als Klausner am Rande des Petersbergl's, wo jetzt die Peterskirche, die älteste Kirche Münchens, steht, Fuß gefaßt. Sie gründeten einen Flecken wenig bedeutenden Umfanges, eine unscheinbare Schwaige, die sich bis ins Tal erstreckte, und nach den dort wohnenden Mönchen die Bezeichnung »bei den Mönchen« – das ist »Monachium« – erhielt. Dieses München blieb noch Jahrhunderte ein unbedeutender Ort – die Hauptstadt des Herzogtums war nach wie vor Regensburg – während das Stammes-Herzogtum der *Agilolfinger* sich weithin nach Osten ausbreitete. Damals gehörten nicht nur die Ostmark (Österreich), sondern auch Kärnten und die Steiermark zum Herzogtum, das, im Gegensatz zu den anderen deutschen Stammesherzogtümern (Schwaben, Franken, Sachsen, Thüringen, Lotharingen, die durch viele Erbteilungen zerschnitten wurden) seine Einheit zu bewahren verstand. Die östlichen Kolonisationsgebiete gingen allerdings im Laufe der nächsten Jahrhunderte durch politische Willensakte wieder verloren. *Friedrich Barbarossa* gab 1156 die Ostmark den Babenbergern.

Das also stark verkleinerte Stammesherzogtum Bayern führte jedoch seine Existenz weiter, innerlich wohl sogar gekräftigt nach Verzicht seiner, große Mittel und Menschen absorbierenden, Kolonisationsaufgaben. Indessen zeichneten sich am Horizont für das Land trübe Wolken ab, Schatten von Ereignissen, die seine bisher mit Stolz gehütete Eigenständigkeit erschüttern sollten. Mit dem Erstarken der Westfranken unter den *Karolingern,* deren krönenden Abschluß das Kaisertum *Karls des Großen* brachte, wirkten sich die Zentralisierungstendenzen dieses großen Herrschers auch auf Bayern aus, nachdem schon vorher die anderen Stammesherzogtümer (vor allem die benachbarten Alemannen) unter des Kaisers Zepter geraten waren. Des Kaisers Gedanke war, nach Unterwerfung der Sachsen die Reichsfeinde im Osten, vor allem aber an der Südostgrenze die räuberischen Avaren zurückzuschlagen. Hierzu waren aber Bayern als Aufmarschgebiet und seine streitbaren Männer als Heeresgenossen unentbehrlich. Trotz heftigem Widerstand sah sich der letzte Agilolfinger, Herzog *Tassilo III.*, gezwungen, Kaiser *Karl* Heerfolge zu leisten. Mit besonderem Widerwillen mag ihn erfüllt haben, sich dem Kaiser auf seinen Feldzügen gegen die Langobarden in Oberitalien anschließen zu müssen, hatten sich doch gerade die kulturellen und kommerziellen Beziehungen zu diesem Land auf das Günstigste entwickelt. Es kam zum offenen Widerstand *Tassilos III.*, der aber mit seiner völligen Unterwerfung und Verbannung endete (788 n. Chr.). Damit fiel das letzte große Stammesherzogtum. An die Stelle des Herzogs trat ein karolingischer Präfekt, der schwäbische Graf *Gero.* Die reichen Güter der Agilolfinger fielen an die Karolinger. Mit *Tassilo* mußten seine ganzen Verwandten in die Verbannung. Meist wurden sie in Klöster eingewiesen und gerieten in Vergessenheit. Karls des Großen Sohn *Pippin* unterwarf ihm die Lombardei vollständig und wurde als König mit der eisernen Krone der Lombarden gekrönt.

Mit dem Tode Karls des Großen zerfiel sein Lebenswerk, das Reich. Die Verträge von Verdun (843) und Mersen (870) brachten die Dreiteilung seines Reiches in Westfranken, Lotharingen und Ostfranken. Letzteres umfaßte die deutschsprechende Bevölkerung. Unter *Ludwig dem Kind* zeigten sich deutlich Verfallserscheinungen in der Leitung des Reiches und zugleich eine drohende Gefahr durch das Vorstürmen der Ungarn. In dieser schwierigen Lage und die Gunst der Stunde nutzend wählte sich Bayern aus seinem heimischen Adel einen neuen Stammesfürsten, den Herzog *Arnulf* aus dem Hause der Scheyern. Er schlug die Ungarn vernichtend in die Flucht (913). Mit dem Tode *Ludwigs des Kindes* im Jahre 911, des letzten ostfränkischen Karolingers, hätte von rechtswegen der westkarolingische Zweig die Erb- und Thronfolge im Reich antreten müssen. Dem Westfranken *Karl* waren aber durch die Normannenkriege die Hände gefesselt. Da nahmen die deutschen Stämme nach altgermanischem Brauch die Wahl ihres Königs selber vor. Sie fiel auf *Konrad I.*, der sich bald in schwere Auseinandersetzungen mit den Stammesherzögen verwickelt sah. Sein Versuch einer Einigung der deutschen Stämme, in deren Verlauf er den Herzog von Schwaben hinrichten ließ, schlug fehl. Seinem härtesten Gegner, Herzog *Arnulf von Bayern,* drohte ein ähnliches Schicksal. Da starb 918 *Konrad I.* Unter dem Eindruck seiner Gewaltherrschaft zeigten die Stammesherzöge, insbesondere *Arnulf,* keine Neigung, sich wieder einem stammesfremden Herrscher zu unterwerfen. So kam es, daß Bayern *Arnulf* zum König der Deutschen ausrief, während die Franken und Sachsen *Heinrich I.* zum Ostfränkischen König erwählten. Schwaben hatte, durch das gewaltsame Ende seines Herzogs innerlich stark getroffen,

von der Aufstellung eines Bewerbers um die Königskrone überhaupt abgesehen.
Indessen gelang es *Heinrich I.* (919–936) den Zusammenschluß der Stämme in verhältnismäßig kurzer Zeit wieder herzustellen. Schwaben unterwarf sich alsbald und *Arnulf von Bayern* nach der Belagerung von Regensburg ebenfalls. Er allerdings nur nach Einräumung bestimmter Privilegien: finanzielle und militärische Selbständigkeit, Recht der Bischofswahl, Weiterverwaltung des karolingischen Königsgutes. Es waren dies die von *Karl dem Großen* aus dem Nachlaß der Agilolfinger erworbenen wertvollen Besitzungen, die die sächsischen Kaiser als de jure Nachfolger für sich beanspruchten. Durch kluges rechtzeitiges Einlenken hatte *Arnulf* sich so sein Herzogtum zu erhalten gewußt. Das traurige Schicksal *Tassilo's III.* und das Ende der Agilolfinger mag ihm dabei drohend vor Augen gestanden haben.
Die folgende Zeit mit dem starken Anwachsen der Macht *Heinrichs I.* und seines Sohnes *Otto I. d. Gr.* (936–973) bildet eine Periode des Glanzes in der deutschen Geschichte. Die starke Zentralgewalt des Reiches macht sich bald auch in Bayern bemerkbar. Nach *Arnulfs* Tod erfuhren die bayerischen Sonderrechte eine wesentliche Einschränkung. Wie schon vorher in Schwaben wurde dem Herzog ein Pfalzgraf zur Wahrung der Königsrechte zur Seite gesetzt. Bayern wurde so nach und nach aus einem Stammesherzogtum zu einem Amtsherzogtum.
Im übrigen verdankte Bayern den Sachsenkaisern einen erheblichen territorialen Zuwachs dadurch, daß es um Istrien, Friaul und Verona erweitert wurde. Mit dem Ende der Sachsendynastie (1024) traten an ihre Stelle die Salischen Kaiser (1024–1125). Die Beziehungen Bayerns zum Reich gestalteten sich damals deshalb besonders glücklich, weil entweder der Kaiser selbst oder einer seiner nächsten Angehörigen Herzog von Bayern war. Die bayerische Geschichte konnte damals nur noch als Teil der Reichsgeschichte verstanden werden. In den kommenden Jahrzehnten spielten sich die Kämpfe zwischen Kaisertum und Papsttum ab

(*Heinrich IV.* – Gang nach Canossa). *Heinrich IV.* hatte im Jahre 1070 als Herzog in Bayern einen Welfen (*Welf I.*) eingesetzt. Dieser, sein Sohn (*Welf II.*) und sein Enkel (*Heinrich der Schwarze*) brachen dem Kaiser die Treue und legten damit den Grund zu den großen Kämpfen zwischen Welfen und Staufern (Waiblingern), die auch Bayern schwer in Mitleidenschaft zogen. Den Welfen, die hundert Jahre Bayern regiert hatten, wurde das Herzogtum genommen und den Babenbergern, Markgrafen von Österreich, zugeteilt. *Heinrich der Löwe* erhielt es aber nebst Sachsen von *Friedrich Barbarossa* zurück (1156). Die Herrschaft der Babenberger wurde auf die Ostmark beschränkt, die endgültig von Bayern losgetrennt wurde.
Mit der Regierung *Heinrich des Löwen* (1156–1180) beginnt ein neuer Abschnitt bayerischer Geschichte. Der junge Welfenherzog, Inhaber der Herzogtümer Sachsen und Bayern, begann sich nach Abschluß seiner bedeutsamen Kolonisationsarbeit im Osten des Reiches für das neu erkämpfte Herzogtum besonders zu interessieren. Bei dem Bestreben, hier seine Macht zu festigen, stieß er auf eine Persönlichkeit, die nicht gewillt war, ihm freiwillig Zugeständnisse zu machen. Es war dies der Bischof *Otto von Freising*, nicht nur ein hochmögender Herr, sondern auch ein bedeutender Geschichtsschreiber und Gelehrter, der in seinem Werk von der Civitas Dei die Idee vertrat, das Römisch-Deutsche Reich und die Kirche bildeten einen Universalstaat Gottes unter deutscher Führung. *Heinrich der Löwe* mag es als sicher empfunden haben, daß eine friedliche Einigung mit dem Bischof niemals gelingen würde. Er schritt daher zu einer, wenn auch politisch gerechtfertigten, Gewalttat. Die Wichtigkeit der Beherrschung der Salzstraße erkennend, unternahm er einen überraschenden Angriff auf die bischöflich-freisingische Zoll-, Markt- und Münzstätte an der *Föhringer Isarbrücke*. Er leitete die über diese Brücke führende Salzstraße an die etwa eine Wegstunde südlicher gelegene Siedlung München ab, baute hier eine Brücke und ließ die Zoll-, Münz- und Markteinnahmen in seine eigene Tasche fließen. Diese Überrumpelung hat *München*

erstmals in das Licht der Geschichte gerückt. Die Stadt verdankt dem Föhringer Brückenstreit ihre Entwicklung zum strebsamen Marktort. München, das bisher selbst hinter den heute als Vororten bekannten Gemeinden Pasing, Giesing, Schwabing, erst recht aber hinter Freising – von den oberdeutschen Städten wie Ulm und Augsburg gar nicht zu reden – zurückgestanden hatte, wurde nun auch mehr und mehr Mittelpunkt der herzoglichen Gewalt. Daß Bischof *Otto* sich diesen Übergriff nicht gefallen lassen wollte, ist begreiflich. Er wandte sich an den vor seinem Italienzug in Augsburg weilenden Kaiser *Barbarossa*, der auf einem Reichstag ebenda am 14. Juni 1158 durch einen weisen Schiedsspruch die Verlegung des Markt-, Zoll- und Münzrechts nach München zwar billigte, dem Herzog dafür aber auferlegte, ein Drittel des Marktzolls und der Münzeinkünfte alljährlich an Freising abzutragen. Diese Gefälle wurden dann auch tatsächlich über 600 Jahre lang entrichtet, um schließlich (1803) durch eine einmalige Summe an das Bistum abgelöst zu werden. Der kaiserliche Kanzler *Rainald von Dassel* beglaubigte mit Brief und Siegel diesen Schiedsspruch, der die Grundlage zum Stadtrecht Münchens werden sollte. München erhielt damals auch wehrhafte Mauern und die »Urbs Leonina« (die Stadt Heinrich des Löwen) hat ihren so geschaffenen Stadtkern im Grundriß bis heute erhalten. Handel und Wandel nahmen einen lebhaften Aufschwung. Aber bereits 25 Jahre nach dem Augsburger Schiedsspruch drohte der Stadt infolge der zwischen dem Kaiser und *Heinrich dem Löwen* ausgebrochenen Fehde (1175) ein schweres Verhängnis. *Heinrich der Löwe* unterlag in diesem Streit, verlor 1180 seine Herzogtümer und kam in die Reichsacht. Auf dem Reichstag zu Regensburg (13. 7. 1180) widerrief Barbarossa seinen Schiedsspruch von 1158 und damit die Verlegung des Markts von Föhring nach München. Damit war zwar die Gefahr der Rückentwicklung der Stadt zum unbedeutenden Flecken heraufbeschworen; doch war inzwischen die Entwicklung schon so weit vorgeschritten, daß eine Rückbildung der Stadt so gut wie aussichtslos schien. Dies muß auch der Bischof von Freising eingesehen haben; er verzichtete auf die Wiederherstellung seiner Rechte in Föhring unter Beibehaltung wesentlicher Privilegien; neben ihrem Anteil an Münz- und Zollgefällen erhielten die Bischöfe auch das volle Eigentum an der Isarbrücke und einen Anteil am Stadtgericht.

Das Aufkommen der Herzöge von Bayern

Viel bedeutsamer aber als diese friedliche Lösung einer mehr lokalen Angelegenheit erwies sich der personelle Wechsel in der Leitung des Herzogtums. Dieses wurde an *Otto von Wittelsbach* verliehen, womit erstmals der Name dieses Fürstengeschlechtes auftaucht, das über 700 Jahre beherrschend für das Land Bayern und für die Stadt München werden sollte. Die Übertragung des Herzogtums an die Wittelsbacher brachte allerdings die Verkleinerung Bayerns durch die Abtretung der Steiermark mit sich, nachdem schon früher die Ostmark (Österreich) an die Babenberger verlorengegangen war. Der Rest des Territoriums, das Bayern jetzt umschloß, umfaßte nur noch Ober- und Niederbayern sowie die Oberpfalz. Trotz, oder gerade im Hinblick auf diese historische Begrenzung kann man sagen, daß erst jetzt die eigentliche Territorialgeschichte Bayerns unter den Wittelsbachern ihren Anfang nahm.
Die politischen Ereignisse der folgenden Jahrhunderte sollen anschließend, wenn auch stark gekürzt, des historischen Zusammenhanges halber, nicht ganz übergangen werden. In den Jahren nach dem Untergang der Staufer (1268 Hinrichtung *Konrads IV.* auf dem Marktplatz zu Neapel) teilten sich die Wittelsbacher Brüder *Ludwig II.* und *Heinrich I.* in das väterliche Erbe. Es entstanden – voneinander unabhängig – Ober- und Niederbayern, dieses mit Regensburg, jenes mit der sich von selbst bietenden Residenz München, das allerdings diesen Vorzug noch einige Jahrzehnte mit anderen Orten wie Donauwörth, Neuburg an der Donau teilen mußte. Die Erbteilung er-

wies sich in der Folge nicht nur als politisch höchst verfehlt, sie konnte auch die Streitigkeiten zwischen den Brüdern nicht beseitigen, die zu langwierigen und kostspieligen Erbfolgefehden führten. Einen Lichtpunkt in diesen Wirren bedeutete es, daß es einem dieser Wittelsbacher Herzöge, *Ludwig von Oberbayern* (*Ludwig der Bayer* 1314—1347), gelang, im Kampf mit dem Papsttum und mit Unterstützung der Kurfürsten (Kurverein zu Rense 1338), die Kaiserkrone zu erringen. Es glückte ihm auch, Ober- und Niederbayern während seiner Regierungszeit wieder zu vereinen. Sein Streben nach Vergrößerung seiner Hausmacht zog ihm jedoch die Feindschaft der Kurfürsten zu, die ihn nach einem päpstlichen Bannstrahl (Papst *Johann XXII.* – der Kampf ging um die staufischen Güter in Italien) für abgesetzt erklärten (1346). Nur der Tod bewahrte ihn vor schweren kriegerischen Auseinandersetzungen mit seinem Nachfolger in der Kaiserwürde, *Karl IV.*

Als wichtige Erscheinung im Rechtsleben der damaligen Epoche sei hervorgehoben, daß unter *Ludwigs des Bayern* Regierung und auf seine Anweisung das damals in Bayern geltende Recht in einem Codex juris zusammengefaßt wurde. Es galt in manchen Teilen bis zur jüngsten Gegenwart *.

Nach *Ludwigs* Tod vergingen nochmals 150 Jahre in Teilungen und gegenseitigen Fehden der Wittelsbacher. Am Ende des sogenannten Landshuter Erbfolgekrieges erließ Herzog *Albrecht IV.*, der Bayern – München und Landshut – wieder vereinigt hatte, im Jahre 1506 das *Primogeniturgesetz*, das die Unteilbarkeit Bayerns und die Erbfolge der männlichen Erstgeborenen festlegte. Mit seinem Nachfolger *Wilhelm IV.*, der, mit 15 Jahren für volljährig erklärt, die Regierung antrat, begann ein neuer Abschnitt in der bayerischen Geschichte.

* *Doeberl* Bd. I S. 300. Die sogenannte *Kaiserbildhandschrift* des Landrechts *Ludwigs des Bayern*, ein mit Miniaturen gezierter Pergamentband mit dem Bildnis des Kaiser und dem Stadtwappen von München (Münchener Kindl und Reichsadler), befindet sich in der Staatsbibliothek.

Beginn der Neuzeit

Die Herzöge des wiedervereinigten Bayern

Diese Epoche begann ungefähr um 1500, dem Zeitpunkt, den man historisch als Abschluß des Mittelalters und als Anfang der Neuzeit zu bezeichnen pflegt.

Herzog Wilhelm IV. (1508–1550) schloß ein Bündnis mit dem päpstlichen Stuhl und verband sich eng mit Kaiser *Karl V.*, dessen treuester Bundesgenosse er im Kampf gegen die Ketzerei wurde. Er erbat sich vom Papst Mitglieder der neugeschaffenen Gesellschaft Jesu, um mit ihnen die Lehrstühle der Universität Ingolstadt zu besetzen. Zu den hervorragendsten Namen der dorthin berufenen Gelehrten gehört *Petrus Canisius*, von Geburt ein Niederländer. Der bedeutendste Mann am Hofe war aber *Leonhard von Eck* (nicht zu verwechseln mit dem Lutherdisputator *Joh. Eck* † 1543) aus dem bayerischen Geschlecht der Wolfeck (1480–1556), ein hervorragender Rechtsgelehrter und Staatsmann*. Er war seinerzeit aus Ansbachischen Diensten zum Herzog übergetreten und führte, namentlich im Schmalkaldischen Krieg, die wichtigen Verhandlungen mit *Karl V.*

Auf *Wilhelm IV.* folgte *Albrecht V.* (1550–1579), der Bayern hermetisch gegen die Reformation absperrte. Gründung der Jesuitenkollegien in Ingolstadt, München und Dillingen. Entscheidende Persönlichkeiten am Hofe waren der Landhofmeister *Ott-Heinrich Graf von Schwarzenberg***, der das Land durch seinen Aufwand in tiefe Schulden stürzte, und der Kanzler *Simon Thaddäus Eck*, ein Bruder des Leipziger Disputators. Neben diesen Männern spielte der aus Salzburg stammende *Wigulaeus Hund* eine Rolle, der Verfasser des bayerischen Adelsalmanachs. Unter Aufsicht von *Joh. Agricola* kam er 1530

* Seine Büste befindet sich in der Ruhmeshalle auf der Theresienhöhe.

** Nicht zu verwechseln mit *Johann Frhr. von Schwarzenberg und Hohenlandsperg* (1463–1528), dem Verfasser der Bamberger Halsgerichtsordnung (1507) und später der Brandenburgischen Halsgerichtsordnung, die das Muster der Peinlichen Halsgerichtsordnung *Karls V.* (Catolina) im Jahre 1532 wurde.

nach Ingolstadt, besuchte 1535 die Hohe Schule des Rechts zu Bologna, wurde 1537 Professor des Rechts in Ingolstadt und 1540 als Hofrat nach München berufen. 1576 wurde er ebenda Hofratspräsident.
Unter *Albrecht V.*, genannt der Großmütige, entfaltete sich ein prunkvolles Hofleben. Wissenschaft und Künste – man denke in der Musik an *Orlando di Lasso* – gediehen. Die Grundlage zur Bibliothek in München wurde gelegt und ein Gemäldeschatz erworben. Daneben widmete der Herzog dem Ausbau des Volksschulwesens seine Aufmerksamkeit.
In ganz Bayern, aber auch im benachbarten Österreich, hatte inzwischen die Reformation große Fortschritte gemacht, insbesondere war auch ein starker Anteil des Adels an der neuen Bewegung zu verzeichnen. Der der römischen Kirche treu ergebene Herzog betrachtete die Wiederherstellung des alten Glaubens als seine Lebensaufgabe. Die Gegenreformation sieht in ihm ihren Begründer. Damals ist ein nicht unbeträchtlicher Teil der angesehenen Familien in die benachbarten Reichsstädte abgewandert.
Als *Albrecht V.* im Jahre 1579 zu München starb, folgte ihm sein Sohn, Herzog *Wilhelm V.* (1579–1597), genannt der Fromme. Er setzte das von seinem Vater begonnene Werk der Gegenreformation mit Eifer fort. In seine Zeit fällt die Einweihung des Jesuitenkollegs in München (1597) und der Bau der prächtigen Michaelskirche. Der Kampf um das Erzbistum Köln, das durch die Reformation stark gefährdet war, wurde zugunsten der Katholiken entschieden. Dem mit der Kurie eng verbundenen Herzog gelang es, seinem Bruder *Ernst* den erzbischöflichen Sitz in Köln mit der Kurstimme zu verschaffen. Seitdem besaßen die bayerischen Wittelsbacher auf die Dauer von rund 260 Jahren den Kurhut von Köln und damit auch das benachbarte Herzogtum Westfalen. In Köln regierte der schon erwähnte luxusfreudige Graf *Ott-Heinrich von Schwarzenberg*. Eine Folge seiner fortwährenden Verschwendung war eine dauernde Finanzkrise des Hofes.

Die Kurfürstenperiode

Mit dem Sohne *Wilhelms V., Maximilian I.* (1597–1651), beginnt in Bayern die *Kurfürstenzeit.* Schon unter seinem Vater war die Wandlung vom mittelalterlich-feudalen zum modernen, nach Absolutismus drängenden Staat zu spüren gewesen, als dessen Folge z. B. in München der Stadt das alte Salzprivileg entzogen und aus fiskalischen Gründen das staatliche Salzmonopol gegründet wurde.

Als *Maximilian* die Regierung übernahm, war er in Regierungsgeschäften schon wohl bewandert, hatte er doch seit 1595 als Stellvertreter des Vaters fungiert. Regierungserfahrung war ihm auch bitter von Nöten, denn der Hauptzeitraum seiner fast 54jährigen Regierung fiel in die Zeit des 30jährigen Krieges (1618–1648). *Maximilian I.* war das Haupt der Liga, des Bundes katholischer und geistlicher Fürsten Deutschlands. Den vor Kaiser *Matthias'* Tod von Kurpfalz gemachten Vorschlag auf Annahme der Kaiserkrone schlug er zu Gunsten *Ferdinands* (II.) aus und entschied sich damit für eine Zusammenarbeit mit dem Hause Habsburg (Münchener Vertrag vom Jahre 1619 mit Kaiser *Ferdinand II.).* An Stelle des »Winterkönigs« Friedrich V. erhielt *Maximilian* 1623 den Kurhut.

Der Siegeszug König *Gustav Adolfs von Schweden* führte diesen, nachdem er *Tilly* am Lech geschlagen hatte, auch nach München, wo er für drei Wochen nach planmäßiger Verwüstung und Niederbrennung von Dörfern und Weilern zwischen Isar und Lech Quartier bezog. Er betrat die vor dem Schicksal Magdeburgs zitternde und von Flüchtlingen angefüllte Stadt am 17. 5. 1632, wo ihm trotz der starken Befestigung die Schlüssel kampflos übergeben wurden. Der Kurfürst befand sich im Feldlager bei Regensburg. Die Kurfürstin war mit dem Hof nach Salzburg geflohen. *Gustav Adolf* verlangte eine Brandschatzung von 300.000 Talern (= 450 000 Gulden). Der Rat brachte aber nur 104 000 Gulden in bar und 40 000 Gulden in Geschmeide, Silber und Gold auf. Für den Rest der Kontribution mußten den Schweden bei ihrem Abzug 42 Geiseln, je zur Hälfte Bürger und Geistliche, gestellt werden, die erst 1635 frei wurden. Noch schlimmer als Krieg und Belagerung wurde für München die 1634 von der spanischen Soldateska des Kaisers eingeschleppte Pest. Ihr fiel von der damaligen Bevölkerung (22 000 Einwohner) rund ein Drittel zum Opfer. Handel und Wandel lagen als Folge der Kriegswirren am Boden und die Stadtkasse war leer.

Fünfundsiebzig Jahre alt war *Maximilian I.*, als er durch seinen Kanzler *Georg Christoph Freiherr von Haslang* und durch Dr. jur. *Joh. Kolbs* den Frieden von Münster und Osnabrück (1648) unterzeichnen ließ. Außer dem Kurhut hatte ihm sein Festhalten an den Habsburgern nichts eingebracht. Und was spielte jetzt der Kurhut, nachdem das Reich bis in seine Grundfesten erschüttert war, noch für eine Rolle! Seine innerpolitischen Verdienste – Sanierung der Finanzen, Förderung von Handel und Gewerbefleiß, Organisation des Schulwesens und Schaffung eines leistungsfähigen Beamtentums – mögen ihm mit mehr Recht den Beinamen des »großen« Kurfürsten eingetragen haben als seine vom Glück nicht begünstigten außenpolitischen Unternehmungen.

Sein Nachfolger, *Ferdinand Maria* (1651–1679) fand ein Bayern vor, das in den Nachwirkungen des dreißigjährigen Krieges seine frühere Stellung und Bedeutung fast ganz verloren hatte. Es gehörte jetzt wieder zu den kleineren Territorialstaaten und seine auswärtige Politik konnte nur die eines vorsichtigen Lavierens zwischen den Großmächten Frankreich, England und Österreich sein. Dieser schwierigen Situation hat sich *Ferdinand Maria* gewachsen gezeigt. Fest überzeugt von seiner Herrscherwürde und von seinen angeborenen Rechten hielt er sich frei von Beeinflussung durch die Landschaft (Beratende Versammlung der Stände), durch die Jesuiten und die Hofleute. Seine Hauptaufgabe war die weitere Sanierung der Finanzen, die schon sein Vater begonnen hatte, und die Förderung von Handel und Industrie (Tuchherstellung). Durch seine Heirat mit

der ehrgeizigen und prunkliebenden *Adelheid von Savoyen* entfaltete sich am Hofe ein prunkvolles Leben nach italienischem und französischem Vorbild. Italienischer Barock, italienische Musik und italienisches Theater hielten ihren Einzug in München. Nach der Geburt eines Kurprinzen ließ *Ferdinand Maria* zu Ehren seiner Gemahlin das Lustschloß zu Nymphenburg und zu Ehren Gottes die Theatinerkirche erbauen. Der so entfaltete Prunk und ein üppiges Hofleben stürzten den Staat bald wieder in schwere Schulden. Als dem Kurfürsten sein darüber in Sorge geratener Kammerpräsident Herr *von Mandl* in einem Einsparungsgutachten Vorhaltungen machte, wurde er (1662) fristlos entlassen – denn, Sparkommissare sind noch nie beliebt gewesen! Er hatte die alte Erfahrung nicht beachtet, daß hohe Herren nie an ihre Schulden erinnert werden dürfen! *München* erhielt damals während eines etwa zwei Jahrzehnte dauernden Friedenszeitalters ein neues Gesicht. Der aufblühende Barock gab der Stadt und vor allem der Residenz ein neues, beinahe südliches Gepräge.
In dieser prunkvollen Atmosphäre wuchs der Nachfolger *Ferdinand Marias,* sein Sohn *Maximilian II. Emanuel* (1679 bis 1726) heran. Von seiner Mutter *Adelheid* hatte er Ehrgeiz und Ruhmsucht geerbt. Hatte schon sein Vater am Ende seines Lebens geäußert, es reue ihn, bei dem Tode *Ferdinands III.* nicht die Kaiserkrone erkämpft zu haben, so erfüllte auch den jungen Kurfürsten der Wunschtraum, ein Held zu werden und mehr zu sein als ein bloßer Bewahrer der kurbayerischen Landeshoheit. Durch seine Heirat mit der Tochter des Kaisers *Leopold I.,* war die enge Verbindung mit dem Hause Habsburg neu gefestigt worden. Dieser Heirat kam insofern große politische Bedeutung zu, als bei der nahen Aussicht des Aussterbens der spanischen Linie der Habsburger seine Gemahlin die nächste Erbin des spanischen Reiches werden mußte. Zunächst winkte aber dem noch jugendlichen *Max Emanuel* das Glück, Ruhm und Ehren in den Feldzügen Österreichs gegen die Türken zu erwerben. Der Ruhm blieb für *Max Emanuel* nicht aus.

Er knüpft sich vornehmlich an die Befreiung Wiens von den Türken im Jahre 1683. Aber außer Fahnen und Standarten brachte dieser Feldzug für Bayern keinen Gewinn.

Nachdem *Max Emanuel* inzwischen am Rhein und in Italien gegen Frankreich gekämpft hatte, ernannte ihn Spanien zum Statthalter der Niederlande (dem heutigen Belgien), wo er in Brüssel Bayerns Kurwürde in vollem Glanze repräsentierte. Die Folge war, daß die neun Statthalterjahre, statt zu einer Quelle des Reichtums zu werden, zum finanziellen Ruin seines Heimatlandes führten, das zwei Drittel der gesamten Verwaltungskosten des fremden Landes tragen mußte. Seine Gemahlin residierte unterdes in Wien; die Geburt des heiß ersehnten Kurprinzen kostete sie das Leben. Nachdem es dem Kurfürsten mit vieler Mühe gelungen war, die Erbfolge des jungen Prinzen auf den spanischen Thron durchzusetzen, ließ er das Kind nach Brüssel kommen. Dort starb der siebenjährige Prinz (1699) in wenigen Tagen an einer Magenentzündung. Die Zeitgenossen mutmaßten – wohl nicht ohne Grund –, daß eine Vergiftung die Todesursache gewesen sei.

Der Verlust des Sohnes war eines der tragischsten Ereignisse im Leben des Kurfürsten wie seines Landes. Wieviel stolze Hoffnungen waren damit dahingeschwunden! In einem neuen Testament setzte der Kaiser als Erben Spaniens den Enkel *Ludwigs XIV.*, *Philipp von Anjou*, unter der Bedingung ein, daß Spanien nie mit Frankreich vereinigt werden dürfe. *Ludwig XIV.* hielt sich jedoch nicht an diese Bedingung. Er erklärte öffentlich, sein Enkel brauche die Aussicht auf den französischen Thron nicht aufzugeben. Eine solche drohende Machterweiterung Frankreichs konnten und wollten aber weder Österreich noch England und die Generalstaaten zulassen. Darüber kam es zum *spanischen Erbfolgekrieg*. Nach längerem Schwanken und unter Abwägung der von den beiden Kriegsparteien in Aussicht gestellten Vorteile, schlug sich der Kurfürst trotz warnender Vorstellungen seiner Räte auf die Seite Frankreichs. Die frondierenden Ratgeber waren der Obristhofmeister *Max*

Preysing, der Geh. Rat *Max Christoph von Mayr*, Gesandter beim Regensburger Reichstag, der Hofkammerpräsident *Corbinian Prielmayr* (1694 baronisiert) und der Geh. Rat *von Unertl* (Geh. Ratskanzler für die Landes- und Kriegsaffären). Der unglückliche Ausgang des Krieges gab diesen Männern Recht; er brachte dem Land zwar keinen Gebietsverlust, aber eine zehnjährige, sehr drückende österreichische Besetzung. 1726 starb *Max Emanuel* nach einem an Glanz, aber auch an tragischen Enttäuschungen reichen Leben.

Sein Sohn und Nachfolger *Karl Albrecht* (1726–1745), als Kaiser *Karl VII.* genannt, war im Jahre 1697 in Brüssel aus der zweiten Ehe seines Vaters mit der Tochter *Therese* des franzosenfreundlichen Polenkönigs *Sobieski* geboren worden. Ihm gelang es, (nach *Ludwig dem Bayer*) zum zweiten Male dem Hause Wittelsbach die Kaiserkrone zu verschaffen. Nach einer trübseligen Jugend in österreichischer Internierung und getrennt von seinen Eltern, kam er 1715 nach München, wo das prunkvolle Hofleben den an sich schüchternen Jüngling bald zu einem ausschweifenden Lebenswandel verführte. Die scharf beobachtende Herzogin *von Orleans* hat in ihren weltbekannten Briefen (so vom 29. 5. 1718) mit besonderer Beziehung auf *Karl Albrecht* geschrieben: »Die Prinzen von Bayern sollen gar nicht hübsch sein, aber viel Verstand haben. Vatert es sich bei ihnen, so werden sie den Grisetten brav nachlaufen.« Die natürlichen Kinder *Karl Albrechts* aus den Verbindungen mit *Sophie Caroline von Ingenheim*, Gräfin *von Arco*, Gräfin *Morawitzka* (spätere Gemahlin des Fürsten *Portia)* wurden Ahnen bekannter Geschlechter. *Karl Albrecht* war weder Feldherr wie sein Vater noch Staatsmann. Sein Kunstverständnis und seine Baulust (Nymphenburg) haben jedoch unvergängliche architektonische Kleinode schaffen helfen. Auch sein Traum war die Gründung eines glänzenden Wittelsbacher Kaisertums gewesen. Eine Möglichkeit, diesen Traum zu verwirklichen, schien ihm der *Habsburgische Erbfolgekrieg* zu bieten. *Maria Theresias* Erbfolge war zwar gesetzlich gesichert, Frankreich

Wigulaeus Aloysius Freiherr von Kreittmayr

Graf Montgelas

hätte aber lieber einen bayerischen Fürsten an der Spitze des Reiches gesehen. Es versprach daher *Karl Albrecht* seine Unterstützung. Das Gleiche versprachen Spanien und Preußen. Der Krieg ging jedoch unglücklich aus. *Maria Theresias* Heere besetzten Bayern, während *Karl Albrecht* 1742 in Frankfurt a. M. zum Kaiser gekrönt wurde. Bayern kam wieder unter österreichische Verwaltung; diese zog soviel finanziellen Nutzen aus dem Land wie irgend möglich war. Bald darauf – am 20. 1. 1745 – starb *Karl Albrecht* im Alter von noch nicht 48 Jahren.

An seinem Unglück trugen seine wenig tüchtigen Berater die Mitschuld. Gleich bei Antritt seiner Regierung hatte *Karl Albrecht* nach Wiener Vorbild ein sogenanntes »Conferenz-Kabinett« (Ministerrat) gebildet, das aus dem Oberstkämmerer *Graf Thürheim,* dem Oberstallmeister *Graf Joh. Max Preysing,* dem Hofkriegsratspräsidenten *Graf Törring-Jettenbach* und dem bereits erwähnten Geh. Ratskanzler *Fr. Jos. von Unertl* bestand. Die Herren verstanden wenig von Politik und Verwaltung. Unter der drückenden Schuldenlast von 40 Millionen Gulden – eine geordnete Haushaltsführung mit Voranschlag hatte nie bestanden –, die größtenteils auf die luxuriöse Hofhaltung zurückzuführen waren, und angesichts einer vorgeschrittenen Verelendung der Bevölkerung, mußte der erst 18jährige Sohn *Maximilian III. Joseph* (1745–1777) die Regierung antreten. Er war der letzte Kurfürst aus der Linie Bayern. Er schloß gegen den Willen seiner Räte den Frieden von Füssen und erhielt, nachdem er seine Kurstimme Maria Theresia's Gatten, dem Großherzog von Toskana, gegeben und ein Heer von 6000 Mann gegen das ehemals verbündete Preußen gestellt hatte, Bayerns Souveränität zurück.

Um zu verstehen, welche Verdienste sich der junge Kurfürst um sein Land erwarb, muß man sich vergegenwärtigen, wie damals das staatsrechtliche, gesellschaftliche und wirtschaftliche Gefüge des Kurfürstentums Bayern aussah. Unter der – wie man sie zu nennen pflegt – patriarchalischen, in Wirklichkeit absoluten Herrschaft der vorangegangenen, unter dem Einfluß Frankreichs stehenden Kurfürsten, hatte sich eine hohe Blütezeit für Kunst, Architektur und Theaterwesen entwickelt. Die dadurch verursachte Verschuldung des Landes ließ keinen Raum für eine Sanierung der wirtschaftlichen Bedürfnisse. Hinzu kam, daß der zur Verschwendung neigende und in die hohen Staatsämter gelangte Adel des Landes sich als zur Führung von Staatsaufgaben wenig geeignet erwies und ein leistungsfähiges Beamtentum damals nicht existierte. Die Staatsmacht sah sich eingeengt durch zahlreiche Privilegien des Adels und der Kirche. Die Hälfte des Grundeigentums gehörte der Kirche und vergrößerte sich immer mehr. Nur ein verschwindend kleiner Teil der bäuerlichen Bevölkerung saß auf eigenem Grund und Boden, der verbleibende Rest unterstand den Gutsherren. Durch die adeligen Fideikommisse wurde dieser Boden, ebenso wie der geistliche Grundbesitz, dem wirtschaftlichen Verkehr allgemein entzogen. Amortisationsgesetze, wie die von 1672 und von 1701, die den übermäßigen Erwerb der »toten Hand« verhindern sollten, wurden zwar verkündet, aber nie befolgt.

Alle diese Mängel blieben dem aufgeschlossenen jungen Kurfürsten nicht verborgen, hatte er doch das Glück gehabt, in seiner Jugend ausgezeichnete Instruktionen zu erhalten. Sein Hofmeister war der in Physik und Mathematik hervorragende Jesuitenpater *Daniel Stadler*, sein Lehrer in Staatssachen der Würzburger Professor *Joh. Adam Ickstatt* *, ein Schüler *Christian Wolffs* (Halle). Beide, der Schüler und der Lehrer, wurden unter dem Reichsvikariat *Max Josephs* zu Freiherren erhoben. Würzburg war damals, was für Sachsen Leipzig war, die Pflanzstätte für Prinzenerzieher. Nach *Ickstatts* Berufung

* *Joh. Adam Frhr. von Ickstatt* wurde am 6. 1. 1702 zu Bockenhausen bei Eppstein im damaligen Erzbistum Mainz als der Sohn eines Hammerschmiedes geboren. 1740 wurde er Erzieher des Kurprinzen *Maximilian Joseph*, zugleich Hofrat und Vorsteher der Universität Ingolstadt. 1745 zum Geh. Rat und Vizekanzler in München ernannt; gestorben am 17. 8. 1776 zu Waldsassen. Nach ihm ist in München die Ickstattstraße genannt. Sie geht von der Jahnstraße in südöstlicher Richtung zur Auenstraße, nahe der Reichenbachbrücke.

an die Universität Ingolstadt, wo er als Professor für Staats-, Völker- und Naturrecht wirkte, machte er als Erster einen Vorstoß gegen die »dicke Finsternis«, die damals auch im übrigen Deutschland an den Universitäten herrschte. Nach *Westenrieder* (zitiert nach *Doeberl,* Bayrische Geschichte III/224) »war damals die Gelehrsamkeit ein bloßer Schall ohne Bedeutung, welche an einzelne Stände verpachtet war, die um ihres Vorteils willen eifrig daran arbeiteten, alles was Licht und Wahrheit verbreiten konnte, zu entfernen. Man jagte metaphysischen Gehirngespinsten und Rätseln nach. Die Wissenschaft stand völlig unter der Herrschaft einer erstarrten Scholastik. Was damals in dickleibigen, gelehrten Werken mit unerschütterlichem Ernst und beneidenswertem Selbstgefühl abgehandelt wurde, übersteigt alle Begriffe. Im Norden stand es in dieser Beziehung (während der Regierungszeiten *Max Emanuels* und *Karl Albrechts)* nicht viel besser. Immerhin gab es dort neben diesen Aftergelehrten noch Männer wie *Leibniz, Thomasius und Chr. Wolff.«*

Auch *Max Joseph,* dessen Jugend in eine Zeit fiel, wo die von Frankreich herüberkommenden Ideen der Philanthropie in Deutschland zu wirken begannen und wo der Preußenkönig *Friedrich II.* die Aufklärung in seinem Lande in Schutz nahm, konnte sich dieser starken Aufklärungsbewegung nicht entziehen. Ihr Opfer wurden auch die bis dahin so mächtigen Jesuiten. Ihr Sturz fiel in die Regierungszeit *Max Josephs,* des »guten Max« wie ihn das Volk nannte.

Die oberste Regierungsbehörde des Landes bildeten, wie vordem, die kurfürstlichen, geheimen Konferenzräte oder die Konferenzminister. An ihrer Spitze standen die ersten Hofbeamten; daneben wirkten aber vor allem der Kanzler *Traidholm* und der Vizekanzler *Kreittmayr.*

Mit ihm, dem späteren (1745) *Freiherrn Wigulaeus Aloysius von Kreittmayr,* tritt, wie *Hormayr* sich ausdrückt, »ein ernster, gestrenger, in Gelehrsamkeit und Geschmack üppig barbarischer Herr, ein durch und durch gebackener Altbaier« in die bayerische Geschichte*. Zu dieser drastischen Umschreibung seines Wesens paßt, was sonst von ihm überliefert ist. Ein unermüdlicher Arbeiter, der sich keine freie Zeit und keine Bewegung gönnte. Tagelang an seinen Schreibtisch gefesselt, mußte er bald die Folgen seiner nur sitzenden Lebensweise spüren. Als ihm der Arzt tägliche Bewegung verordnete und die Hofverwaltung ihm ein eigenes Reitpferd zur Verfügung stellte, schlug er diese wohlgemeinte Hilfe mit der Begründung aus, daß er keine Zeit zum Reiten habe. Stattdessen schaffte er sich einen dreibeinigen Bock an, der ihm erlaubte, während der Arbeit die Füße frei zu bewegen. Er schrieb alle dienstlichen Schreiben eigenhändig und ebenso seine wissenschaftlichen und Gesetzesarbeiten. »Ich könnte alle meine Sekretäre rund um die Welt schicken und würde sie nie entbehren«, erklärte er selbst mit großer Befriedigung denjenigen, die ihn zur Schonung seiner Kräfte aufforderten. Er war frei von jeder Eitelkeit, trug keine Orden und auch nie den Kammerherrnschlüssel. In der Lebensführung war er sehr einfach. Sein Getränk war nur Wasser.

Kreittmayr setzte sich zur Lebensaufgabe, das bestehende Recht in Bayern in seinem ganzen Umfange zu reformieren. Ein kurfürstliches Mandat vom 24. 7. 1769 dehnte die weltliche Gerichtsbarkeit auf Gegenstände aus, die bisher (wie z. B. das Verlöbnisrecht) der kirchlichen Jurisdiktion unterstellt gewesen waren. Die Bücherzensur wurde im gleichen Jahr einer Landeskreisbehörde, dem Zensurkollegium, übertragen. Für die revolutionierendste Manifestation des aufgeklärten Absolutismus,

* Er wurde 1705 geboren und schon mit 20 Jahren Hofrat, 1749 Geh. Ratsvizekanzler und zuletzt wirklicher Geh. Ratskanzler. Er wohnte und starb (1790) in dem Hause Burgstraße 12, an dem eine Gedenktafel angebracht war. Nach ihm ist die Kreittmayrstraße im Nordwesten der Stadt genannt. Er hatte zwei Söhne: *Johann Nepomuk*, Oberappellationsgerichtsrat und *Ignaz Xaver Kaspar*, Kammerherr. Beide starben noch zu seinen Lebzeiten und mit ihnen erlosch das freiherrliche Haus von Kreittmayr. Ein Denkmal *Kreittmayrs* befindet sich auf dem Promenadeplatz von *Schwanthaler*. König *Ludwig I.* nahm die von Fr. Sanguinelli ausgeführte Büste Kreittmayrs 1843 in die Ruhmeshalle auf. *I. A. Kalb* schrieb die Biographie, München 1825.

den Erlaß eines Toleranzedikts, konnte Max III. allerdings nicht gewonnen werden.

Den Höhepunkt des Schaffens *Kreittmayrs* bilden seine Gesetzbücher:

Der *Criminalcodex* vom 7. 10. 1751, der an die Stelle der bis in die Mitte des 18. Jahrhunderts geltenden *Malefizprozeßordnung der Fürstentümer Ober- und Niederbayern* (1616) trat, eines unmenschlich strengen Gesetzes mit weitgehender Anwendung der Tortur. Aushilfsweise konnte auch statt der Malefizprozeßordnung die Peinliche oder Halsgerichtsordnung *Karls V.* zur Anwendung kommen. *Kreittmayrs* Codex ist zwar auch sehr streng (»mit Blut geschrieben«), er brachte aber als Erster wissenschaftlich fundierte Leitsätze in das Gesetz unter grundsätzlicher Aufhebung der Tortur *.

Der *Judiciarkodex* oder Codex juris Bavarici judicialis vom 14. 12. 1753, ein vortreffliches Gesetzbuch, an dessen Spitze der Grundsatz vom Verbot der Selbsthilfe steht. Er sah drei Rechtsinstanzen vor und betonte vor allem die Verhandlungsmaxime. Dieses Gesetzbuch hat in Bayern ein volles Jahrhundert geherrscht; erst 1823–1837 wurden umfassende Verbesserungen vorgenommen.

Der *Civilcodex* = Codex Maximilianeus Bavaricus civilis oder »neu verbessertes und ergänztes Churbayerisches Landrecht« 1756. Er trat an die Stelle der dickleibigen römischen Rechtsbücher, deren Verfasser sich bemüht hatten, die einheimischen Rechtsverhältnisse in die romanischen Rechtsformen zu pressen.

Zum bequemeren Gebrauch wurde von *Kreittmayr* ein Compendium Codicis Bavarici civilis, judicialis et criminalis et annotationum 1773 in lateinischer Sprache herausgegeben, an dessen Anmerkungen er 19 Jahre lang fleißig arbeitete.

1769 erschien ein Grundriß des allgemeinen deutschen und bayerischen Staatsrechts, womit sich der Verfasser dem damaligen größten deutschen Staatsrechtslehrer *St. Pütter* würdig zur Seite

* Vgl. *A. Ritter*, Über die ehemaligen Richtstätten in München, Band XXXI des Oberbayr. Arch. München 1871.

stellte*. Von der Strenge der Rechtsauffassung und der Bestrafung kann man sich etwa einen Begriff machen, wenn man liest, daß ein Lehrling von 17 Jahren, der seinem geistlichen Dienstherrn sieben Gulden gestohlen hatte, zum Tode durch den Strang verurteilt wurde. Der Lehrling war der letzte, der auf dem Galgenberg Gehenkten (1804!).

Bei der Erweiterung der Stadt um 1308 wurde die *Richtstätte* außerhalb der Mauern gelegt, und zwar vor dem Neuhauser (Karls-)Tor, der späteren Maxvorstadt. Die Galgen und die Kopfstelle waren örtlich getrennt. Der Galgen mit dem Rad kam noch weiter hinaus als die Kopfstätte, und zwar auf die Anhöhe, die sich von Sendling her hinauszieht, an einen Platz bei der Landstraße nach Pasing, wo jetzt der große Pschorrkeller liegt. Die Strafjustiz war aber nicht etwa nur in Bayern so hart. Es ist bekannt, daß z. B. in dem aufgeklärten England die Todesstrafe durch den Strang bis in die Mitte des 19. Jahrhunderts hinein wegen Diebstahls über einen bestimmten Geldbetrag hinaus sowie wegen jeden Straßenraubs verhängt wurde.

Den Schlußpunkt von *Kreittmayrs* literarischer Tätigkeit bildete die Sammlung der neuesten und merkwürdigsten *Churbayerischen Generalien und Landesordnungen von 1771. Gesetzgeberisch* zeigte sich *Kreittmayrs* kundige Hand noch in der neuen Wechselordnung von 1785 und der Nachtragsverordnung vom 11. 5. 1785, die eine Beschränkung der Wechselfähigkeit vorsah.

Auch auf innerpolitischem Gebiet hat sich *Kreittmayr* betätigt. Seine Reformen betrafen die Abschaffung überflüssiger Feiertage, Kleiderordnungen, Vorschriften gegen Verschwendung und über das Münzwesen.

Bei einer Würdigung von *Kreittmayrs* Schaffen muß man davon ausgehen, daß er stets bemüht war, die Früchte seiner Erkennt-

* Ein Vorzug dieses Werkes war sein Maßhalten dem Umfang nach, wenn man bedenkt, daß sein Zeitgenosse *Joh. Jak. Moser* sein »Teutsches Staatsrecht« (Nürnberg 1737–1754) auf 50 Bände und zwei Ergänzungsbände und sein »Neues Teutsches Staatsrecht« (Stuttgart-Frankfurt 1766–1775) auf 21 Bände und 3 Zusatzbände (1781–1783) ausdehnte.

nis des neuen Rechtsdenkens seiner Epoche bei seinen gesetzgeberischen und literarischen Arbeiten in die Praxis umzusetzen. Schöpferische neue Gedanken hat er dabei nicht zutage gebracht. Er war mehr der Mann, der mit zähem und behutsamem Eifer das vorhandene Recht zu verbessern suchte. Am besten ist ihm dies bei dem Codex judicialis gelungen. Er hielt hier am bewährten Alten fest und sicherte so die bestmögliche Anwendung des Gesetzes. Seine Auffassung vom Naturrecht basierte weniger auf den Gedanken *Rousseaus,* als auf der von seinem derben, praktischen Verstand erkannten Natur als Gegenkraft gegen das formale römische Recht, wie es seit 1495 von Kaiser *Maximilian I.* durch Reichtstagsbeschluß zum jus civitatis erhoben war. Auch *Kreittmayr* war durch die römische Schule gegangen. Soweit er sich später mit dem römischen Recht auseinandersetzt, handelt er aber mehr aus seinem erdverbundenen bayerischen Bewußtsein heraus als aus volksmäßig deutschem Rechtsempfinden. Es ist bezeichnend für ihn, daß er in den Ausführungen seiner kleinen bayerischen Rechtsgeschichte von der berühmten Lex Bajuvariorum aus *Tassilos III.* Zeit ausgeht. Den Sachsen- und den Schwabenspiegel bezeichnet er zwar als veraltet, glaubt aber trotzdem, daß diese Gesetze, die den Kernbestand alten deutschen Rechts darstellen, mitunter auch damals noch zur Erläuterung des deutschen Rechts beitragen könnten. Seine enge Verwurzelung mit dem deutschen Erbrecht und dem eigenständigen bayerischen Landesrecht gibt auch die beste Erklärung für seine oft schroffen Absagen an das römische Recht. So zitiert er wörtlich Gundliegs derbe Äußerung, »die deutschen Rechtsgelehrten seien Ochsen, weil sie alles ex Statu Romanorum demokratico sehen und es blindlings auf unsere Reichslanden heranziehen« (Rall S. 38). In dieser Richtung vergleicht er namentlich die römische und bayerische Rechtsauffassung von der Leibeigenschaft, die in Bayern bis zu ihrer Aufhebung im Jahre 1808 lediglich in der Leistung von Diensten und Abgaben an den Grundherrn bestand. Dieses römische Recht war aber immerhin im damaligen deutschen Rechtsleben so stark verankert, daß es *Kreittmayr* nicht gelang, die Institutionen und Pandektenvorlesungen an der Universität Ingolstadt durch seine Gesetzbücher und die »Anmerkungen« zu ersetzen.

Kreittmayr überlebte seinen Herrn, den Kurfürsten, noch um etwa 13 Jahre († 27. 10. 1790). Er war bis zum Tode *Max III. Joseph* (1777) eine Hauptstütze der Regierung gewesen, da der Hof, wie der Kaiserliche Gesandte Baron *Widemann* in einer Depesche vom 28. 5. 1750 berichtet, »einen großen Mangel an tüchtigen Subjektis aufweist«.

Unter den vielen unredlichen Räten des Kurfürsten macht der Graf *Sigismund von Haimhausen* eine rühmliche Ausnahme. Für ihn wurde im Jahre 1751 das unmittelbar dem Kurfürsten unterstehende Münz- und Bergwerkskollegium gestiftet, gegen dessen Einrichtung sich die gesamte Hofkamarilla aus begreiflichen Gründen widersetzte. *Haimhausen* steigerte den kleinen Ertrag von 7000 Gulden bei seinem Amtsantritt in wenigen Jahren auf 250 000 Gulden Überschuß.

Mit der Stiftung * der Akademie der Wissenschaften in München (1759), der Vorläuferin der Akademie von 1808, fand die Aufklärung auch in Bayern Eingang. Unter *Max Joseph* machte in Bayern die geistige Ausbildung des Volkes große Fortschritte, weit größere als in früheren Jahrhunderten. Sein Tod 1777 rief ihn zu früh von der Regierung des Landes ab.

Das Hofleben bot während seiner Regierung eine glänzende

* Zu ihren Gründern gehörten *Georg Lori, Dominik Limprun, Stiger, Wagenegger* und *von Stubenrauch*. Sie gründeten zunächst einen Verein, der sich nicht nur die gelehrte Forschung, sondern auch die Popularisierung der Wissenschaft zum Ziel setzte. Kurfürst *Max III. Joseph*, selbst ein Freund und Förderer der Wissenschaften, erhob den Verein durch Sanktion vom 28. 3. 1759 zur Kurfürstlichen Bayerischen Akademie der Wissenschaften. Die treibende Kraft bei allen ihren Unternehmungen war *Lori*, geboren 17. 7. 1723 im Bezirksamt Schongau, unweit Steingaden, Professor in Ingolstadt, Hof- und Bergrat in München. Bei dem Nachfolger *Max III. Joseph*, dem Kurfürsten *Karl Theodor* fiel *Lori* in Ungnade, weil er sich dessen Abmachungen mit Österreich während des Bayerischen Erbfolgestreits, die einen Austausch bayerischen Gebiets bezweckten, widersetzte. Er wurde abgesetzt und ging in die Verbannung nach Neuburg an der Donau, wo er am 23. 3. 1787 starb. Nach ihm und nach *Limprun* sind Straßen benannt.

Schauseite. Die finanzielle Lage des Landes, der Städte und vor allem Münchens boten dagegen ein um so kläglicheres Bild.
Mit dem Aussterben der Ludovicianischen Linie in der Person *Max III. Joseph* kam aufgrund der alten Hausverträge die pfalz-bayerische Linie zum Zug. *Karl Theodor,* Kurfürst von der Pfalz in Mannheim seit 1742, Kurfürst von Pfalz-Bayern in München 1777–1799, tauschte nur ungern seine sonnige kurpfälzische Residenz in Mannheim mit München. Er war der Sohn des Pfalzgrafen *Johann Christian* von der Linie *Sulzbach* und *Maria Annas,* der Erbin von Bergen op Zoom in Brabant. Geboren 1724 zu Brüssel, verlor er nach vier Jahren die Mutter und wurde von seiner Urgroßmutter, der Herzogin *von Aremberg,* erzogen. Als auch sein Vater 1733 gestorben war, zog ihn Kurfürst *Karl Philipp von Pfalz-Neuburg,* der selber keine Söhne hatte, auf. In Mannheim erhielt er seine Schulausbildung teils durch Jesuiten, teils durch französisch gesinnte Erzieher. Durch Besuch der Universitäten Leyden und Löwen legte er das Fundament zu einer seine zeitgenössischen deutschen Fürsten erheblich überragenden allgemeinen Bildung. Sein Interesse galt hauptsächlich der Kunst und der Musik sowie dem Theater. Er wurde der Gründer des ersten Deutschen Nationaltheaters zu Mannheim, mit dem Namen wie *Schiller, Iffland* verknüpft sind. Im Jahre 1742 verehelichte er sich mit *Maria Elisabeth,* der Enkelin des alten Kurfürsten *Karl Philipp von Pfalz-Neuburg.* Als dieser starb, wurde er Herr der Kurpfalz und der jungen Pfalz Neuburg sowie der damit verbundenen Länder Jülich und Berg am Rhein. Österreich sah die Vereinigung der bayerischen Lande höchst ungern, was schon aus seinen früheren Eingliederungsversuchen zu erkennen war. Als *Karl Theodor* am 2. 1. 1778 in München einzog, erschienen schon österreichische Okkupationstruppen im Lande. Der wegen seiner »Münchener Verbannung« ohnehin vergrämte Kurfürst schloß einen Vertrag mit Österreich, das, auf alte Verträge pochend, Niederbayern, die Oberpfalz, die Landgrafschaft Leuchtenberg und einige schwäbische Herrschaften beanspruchte. Die Seele des Widerstandes

gegen diese Pläne war die Witwe des Herzogs Clemens, *Maria Anna**, die Schwägerin *Karl Theodors*. Sie trat in Verbindung mit *Friedrich II. von Preußen*, der keine Machtverschiebung zugunsten Österreichs wollte. Friedenskongreß zu Braunau vom 12. 8. 1778, wo *Maria Theresia* einlenkte. Österreich erklärte sich bereit, Bayern zu räumen. In dem auf die drohende Intervention Rußlands hin geschlossenen Frieden zu Teschen, 13. 5. 1779, begnügte sich Kaiser *Joseph II.* mit der Abtretung des Innviertels.

Unbeschadet dieses Friedensschlusses gingen die Bemühungen Österreichs zur Erlangung Bayerns im Stillen weiter. Der Zeitfolge vorausgreifend sei auf das Tauschobjekt hingewiesen, wonach der willfährige *Karl Theodor* Ober- und Niederbayern an Österreich abtreten, die Oberpfalz, Neuburg und Sulzbach nebst der Kurwürde behalten und noch dazu einen Teil der Niederlande mit der Königswürde eintauschen sollte. Das heimattreue bayerische Volk widerstrebte diesem Handel. Es war wieder die verwitwete *Maria Anna*, die sich vorgenommen hatte, die Nachfolge des Herzogs *Karl August von Zweibrücken* zu sichern. (*Karl Theodor* hatte keine legitimen Erben.) Den erfolgreichsten Widerstand aber leistete wieder *Friedrich II. von Preußen*, der durch die Gründung des Fürstenbundes zur Aufrechterhaltung der deutschen Reichsverfassung (*Doeberl* II 298 f.) auch diesmal das österreichische Projekt vereitelte.

Wenden wir uns nach der kurzen Schilderung der weltpolitischen Begebenheiten wieder dem Land Bayern und seiner Hauptstadt München zu. *Karl Theodor*, der nach dem Scheitern seiner Tauschpläne seiner neuen Hauptstadt am liebsten den Rücken gekehrt hätte, entschloß sich – wohl oder übel –, die Struktur seines Hof- und Regierungsapparats pfälzischen Musters nach Altbayern zu verpflanzen. Um die Bedeutung dieses Vorhabens zu würdigen, muß man sich in diesem Zusammenhang die politischen und kulturellen Verhältnisse seines früheren rhein-pfäl-

* Nach ihr ist der Mariannenplatz bei der Lukaskirche genannt.

zischen Fürstentums vor Augen führen. Die innerpolitische Lage in der Pfalz unter *Karl Theodor* war – im Gegensatz zu der glänzenden Fassade eines prunkvollen und üppigen Hoflebens nach dem allgemein Mode gewordenen französischen Muster – denkbar traurig. Der Hofetat verschlang jährlich an die 250 000 Gulden; über 2000 Personen drängten sich hier an die »Futterkrippe«. Dazu kamen eine 5000 Mann starke Garnison in Mannheim und außerdem noch die Leibgarderegimenter. Mannheim zählte 1778 etwa 24 000 Einwohner, von denen jeder Dritte oder Vierte Angehöriger des Hofes oder Soldat war. Das Theaterwesen, die luxuriösen Jagden kosteten Unsummen. Vor allem aber litt das Land an einer weitübersetzten und leistungsunfähigen Bürokratie. Das ganze Beamtentum der Pfalz war schon unter dem Vorgänger *Karl Theodors* nach dem Vorbild Frankreichs käuflich geworden. Durch eine Order vom Jahre 1710 war jedes Amt und jede Pflege zu einer bestimmten Summe taxiert worden. Jeder Besitzer hatte dann die Versicherung erhalten, sein Amt »bis auf die zweite Generation und da er keine Nachkommen hätte, auf einen anderen zu übertragen, den er zu solchem Ende statt eines männlichen Descendenten ernennen und der zu solcher Funktion qualifiziert sein werde«. Zu diesem Mißbrauch kamen die Anwartschaften, die bald sogar auf Säuglinge übertragen wurden, so daß verordnet werden mußte, jeder zu einer Ratstelle Befähigte müsse mindestens 24 Jahre alt sein. Selbst die Dikasterien bildeten eine patriarchalische Folge von Söhnen und Schwiegersöhnen. Das Hofgericht zählte lange Zeit soviele Minderjährige, daß es zum Spott nur noch »das jüngste Gericht« genannt wurde. Auch die Professoren an der Heidelberger Universität erhielten, bevor sie noch ihre Schulstudien absolviert hatten, ihre Designationen. Unter *Karl Theodor* drang die Käuflichkeit der Stellen auch in die kirchlichen Ämter ein und die Pfarrstellen (des evangelischen Landes) wurden öffentlich an den Meistbietenden verkauft.

Die neunzehn pfälzischen Oberämter hatten gewöhnlich einen Oberamtmann, der die Stelle als Sinekure genoß. Oberamtmann war einer der Minister oder ein anderer Herr von Adel, der sein Amt niemals besuchte. Ein Stellvertreter, ein Landvogt oder Landschreiber besorgte mit zahlreichem Personal die Geschäfte. Da diese Bediensteten schlecht bezahlt wurden, suchten sie sich bei den Bewohnern zu »erholen«. Jeder Beamte führte in seinem Geschäftsbereich das aus, was er wollte. Er handelte nach dem Grundsatz »Leben und leben lassen!«

Der Kurfürst war zwar unumschränkter Herr, denn »Landstände« gab es in der Pfalz nicht. Er war aber in seinen Entschließungen nicht frei, sondern in den Händen seiner Mätressen und seiner sonstigen unwürdigen Umgebung.

Die pfälzische Armee bestand, wie schon erwähnt, nur aus etwa 5000 Soldaten in elf Regimentern, war aber dafür mit einer unverhältnismäßig großen Zahl hoher Chargen gesegnet. Der Staatskalender 1769 führte einen Generalfeldmarschall, einen Generalfeldzeugmeister, neun Generalleutnants und zehn Generalmajors auf, also 21 Generäle! Auf jeden kamen nur etwa 200–300 Soldaten. Die Unterhaltskosten einer solchen Truppe waren dementsprechend beträchtlich.

Zählt man dazu die sonstigen Aufwendungen für Kunst, Theater, Bauten, Schlösser, Parks (Schwetzingen), so kann man sich denken, wie die öffentlichen Kassen aussahen. Sie zu füllen, galt jeder Weg als recht! Eine ergiebige Finanzquelle war das Lotto als Regierungsmonopol. Bezeichnend für die Finanzmethoden und die Auswahl der hierzu berufenen Männer war die Erhebung des Grafen *Joh. Ludw. Franz von Goldstein,* eines jülich-clevischen Herrn, zum Finanzminister, der immerhin sich noch bei der Verwaltung des Landes einige Verdienste erworben hat. Seine Ernennung zum Finanzminister soll so vor sich gegangen sein: Der Kurfürst sah auf einem Hofzirkel den Grafen, wie er aus einer prächtigen goldenen Dose schnupfte. Da er auch sonst als sehr wohlhabend galt, ernannte ihn der Kurfürst vom Fleck weg, ohne ihn näher zu kennen, zum Minister mit dem Bemerken: »Dieser taugt am besten, an Contenance fehlt es ihm nicht, er ist reich genug, daß er nicht wünscht, das Land zu plündern, und wer sein eigenes Hauswesen wohl verwaltet, wie er, kann auch das eines Staates verwalten.«

Die finanziellen Lasten der Untertanen unter einer derart liederlichen Wirtschaft kann man sich wohl denken. Groß waren besonders auch die Klagen der durch den ungeheuren Wildstand in ihrem Feldanbau geschädigten Bauern.

Dazu kamen noch die religiösen Bedrängnisse und der Kampf gegen die Aufklärung. *Karl Theodor* war zunächst ein toleranter Herr gewesen. Mit der Zeit aber war er, durch die immer mehr um sich greifenden *Illuminatenorden* *, die sich zu Sammelpunkten der wachsenden Zahl Unzufriedener ausbildeten, sehr verängstigt. Unter den Auswirkungen der französischen Aufklärung hatten sich diese Geheimbünde damals schon über ganz Deutschland ausgebreitet. Durch kurfürstliche Verordnung vom 22. 6. 1784 erging ein Verbot gegen die geheimen Gesellschaften, dessen Durchführung mit um so mehr Nachdruck durchgesetzt wurde, als sich die Vorboten der französischen Revolution auch schon im Rheinland bemerkbar machten. Jeder Beamte mußte vor der Anstellung eine Erklärung abgeben, daß er weder jemals Mitglied des Ordens war noch später werden wollte. Aus diesem Lande also, das ein Paradies für seine Einwohner hätte sein können, kam *Karl Theodor* 1778 nach München. Mit ihm kamen der ganze Mannheimer Hofstaat, die Pfälzer Administration mit ihrer Käuflichkeit und Erblichkeit der

* Der Illuminatenorden wurde in Bayern von dem Professor *Weishaupt* in Ingolstadt gestiftet. Er sollte der Mittelpunkt der Aufklärung werden, also der von Frankreich herkommenden humanitären und philanthropischen Ideen. *Adam Weishaupt* war 1748 zu Ingolstadt geboren und schon mit 27 Jahren ordentlicher Professor des Natur und kanonischen Rechts geworden. Er war Zögling des Jesuitenordens gewesen und nahm deren Verfassung auch zum Vorbild. Er forderte daher auch von den »Erleuchteten« blinden Gehorsam. Von Ingolstadt aus verbreitete sich der Orden bald nach München, wo der kurfürstliche Minister Graf *Seinsheim*, der zweibrückensche Gesandte Baron *Hohenfels*, der Hofrat und spätere Minister Graf *Max Montgelas* Mitglieder wurden. In Heidelberg gehörte Professor *Zentner* dazu, der später bayerischer Geh. Rat und Minister wurde. *Weishaupt*, ein feuriger, aber unklarer Kopf, verzankte sich bald mit seiner Umgebung. Er wurde seiner Professur entsetzt und floh nach Gotha. Der Illuminatismus rettete sich nach Mainz, wo *Dalberg* ihn hielt.

Beamtenstellen und mit einer gewissenlosen, nur auf Eigennutz bedachten Bürokratie. Der Kurfürst setzte sein galantes Leben hier fort, seine Auserwählten wurden aber jetzt Damen der hohen Aristokratie.

Und doch können wir auch in diesen trüben Zeiten in der höfischen Umgebung auf Persönlichkeiten verweisen, die eine rühmliche Ausnahme bildeten, und denen das gedrückte Volk eine allmähliche Besserung seiner Lage zu verdanken hatte. Es war freilich kein in diesem Sinne bewußter Schritt *Karl Theodors,* als er den Engländer Sir *Benjamin Thompson* * nach München zog. Es geschah mit der Absicht, seinem Lieblingssohn, dem Fürsten *Bretzenheim,* auf dessen beabsichtigten Reisen im Mittelmeer (Bretzenheim war zum Malteser-Großprior gewählt worden) als Begleiter zu dienen. Aus diesen Reisen wurde nichts und *Thompson* blieb in München, wo ihm die befreundete Gräfin *Paumgarten* bald die volle Gunst des Kurfürsten verschaffte. Dieser ernannte *Thompson* zum General und Leibadjutanten, zum Chef des Geheimen Kriegsbureaus und – von Thompsons Vaterstadt den Namen hernehmend – zum Grafen *von Rumford.* Graf *Rumford* ist der Stifter der Militärakademie in München (1789); er entfaltete in der Folgezeit außerdem ein reiches philanthropisches Wirken in der Hauptstadt (Rumford'sche Suppen für die Armenanstalten). Er legte die ersten Arbeitshäuser für die unbeschäftigte Bevölkerung an und wurde der Schöpfer des »Englischen Gartens« in München.

Unterdessen war in Frankreich die Revolution zum Ausbruch gekommen. Der Kurfürst ängstigte sich sehr, regierte aber nach wie vor autokratisch. Seine Hauptsorge galt der Sicherstellung seiner natürlichen Kinder. Ihretwegen hätte er auch Bayern durch Abmachungen mit Österreich aufgeopfert. Nur mit Wi-

* *Thompson* war 1752 zu Rumford in der Grafschaft Essex geboren. Im Jahre 1798 verließ er als Graf Rumford München, weil er sich mit dem Grafen *Leiningen,* dem Schwiegersohn des Kurfürsten, nicht vertragen konnte. Sein Denkmal befindet sich am Eingang zum Englischen Garten in der Nähe der Lerchenfeldstraße. Eine Straße, von der Zweibrückenstraße ausgehend, ist nach ihm benannt worden.

derwillen war er nach dem Teschener Frieden noch in München geblieben.
Die französischen Revolutionsheere waren inzwischen schon bis Bayern vorgedrungen, nachdem bereits 1795 die Pfalz am Rhein (Mannheim) kampflos verloren gegangen war. *Moreau* drang über den Lech vor. Der Kurfürst floh mit seiner Gemahlin und dem ganzen Hof am 22. 8. 1796 nach Sachsen. Das vom Grafen *Rumford* mit 10 000 Soldaten besetzte München wurde schon am 7. 9. 1796 – fast ohne Widerstand – übergeben. Erst die Siege des Erzherzogs *Carl von Österreich* bei Amberg und Würzburg trieben die Franzosen zurück und ermöglichten die Heimkehr *Karl Theodors.* Er wurde jetzt noch verschlossener und mißtrauischer als früher. Sein Faktotum *Lippert,* der Lenker des geheimen Komitees, traf immer verhaßtere Sicherheitsmaßnahmen. Die Empörung des Volkes war stark. Des Kurfürsten ganzes Sinnen und Trachten ging immer mehr auf Rettung seines großen Barvermögens zugunsten seiner natürlichen Kinder. Um diese Rettung besser durchzusetzen, entfernte er noch 1797 seinen bisherigen, alten Kabinettssekretär *Stephan von Stengel,* einen der wenigen redlichen Beamten, der seinem Herrn 25 Jahre lang treu gedient hatte. *Karl Theodor* hatte, da ein neuer Krieg mit Frankreich drohte, schon beschlossen, ein neues Heer von 30 000 Mann bereit zu halten und sich mit noch größerem Eifer als bisher an Österreich anzuschließen, da starb er plötzlich am 16. 2. 1799 beim L'hombre-Spiel vom Schlag getroffen.
Ihm folgte, da ein leiblicher Thronfolger *Karl Theodors* nicht vorhanden war, aus der Nebenlinie Pfalz-Zweibrücken *Maximilian IV. Joseph,* der am 1. 1. 1806 als *Maximilian I. Joseph* den Königstitel annahm. Er wurde der erste König von Bayern. Die Nachfolge dieser Linie auf dem Kurfürstenthron hatte *Karl Theodor* zeitlebens viel Ärger und Kummer bereitet. Nach *Vehse* (II 158) soll er bei der Nachricht von der formellen Weigerung *Karls von Zweibrücken* den geheimen Abmachungen mit Österreich zuzustimmen, ausgerufen haben: »Will der mir

die Hände binden und schon Erbe sein, so soll er sich schändlich betrogen haben!« Wie, um sein Wort wahr zu machen, erwählte der 71jährige Kurfürst im Jahre 1795, nachdem seine sulzbachische legitime Gemahlin 1794 gestorben war, eine zweite Gemahlin, um sich noch einen Thronfolger zu schaffen. Es war dies die 19jährige *Maria Leopoldine*, Tochter des Erzherzogs *Ferdinand von Modena-Este*, eine Enkelin *Maria Theresias*. Die Hochzeit wurde in München mit größtem Prunk gefeiert. *Karl Theodors* Wunsch nach einem Leibeserben ging jedoch nicht in Erfüllung. Nach *Vehse* soll die Kurfürstin noch im Sommer des Todesjahres *Karl Theodors* eines Knäbleins genesen sein, das aber nicht von ihrem Gemahl, sondern von dem ihr befreundeten Grafen *Arco* abstammte. Das Kind wurde heimlich bei einer angesehenen westfälischen Familie *Daltrop* untergebracht und unter dem Namen *von Okra* (Umkehrung des Namens *Arco)* in das Taufregister eingetragen. Es wäre der Kurfürstin wohl nicht schwer gefallen, das Kind als Posthumus *Karl Theodors* zu präsentieren, sie war aber zu ehrenhaft, den Zweibrücker dadurch um die Thronfolge zu bringen. Der König, dem sie sich später eröffnet hat, zeigte sich ihr lebenslänglich erkenntlich und sie genoß hohe Achtung bei Hofe. Die Kurfürstin hinterließ bei ihrem Tode das bedeutende Vermögen von (wie man sagt) etwa 60 Millionen Gulden.

Die Königszeit

Max I. Joseph erhielt seine Erziehung am Hofe seines Oheims, Herzog *Christians IV.* von Zweibrücken. Zwei Jahre nach dem Tode desselben (1777) trat er in französischen Kriegsdienst, ein damals sehr beliebter Erwerbszweig jüngerer deutscher Prinzen. Er übernahm als Oberst (diese Stellen waren damals käuflich oder wurden namhaften Adelssprossen überlassen) die zwei Regimenter Royal d'Alsace und Royal-Zweibrück, die in Straßburg garnisoniert waren. Die Regimenter setzten sich größtenteils aus Untertanen kleinerer deutscher Potentaten zusammen und waren – ebenso wie ihre Herren – abenteuer- und geldhungrig. Es war eine Art Fremdenlegion, die zur Schonung französischen Blutes beitragen sollte. Neben ansehnlichen Geldsummen, aus denen der Oberst für die Besoldung, den Unterhalt usw. seiner Offiziere und Soldaten aufkommen mußte, brachte ihm seine Stellung noch vorteilhafteste Beziehungen zum französischen Hof. Im Jahre 1785 vermählte sich der Prinz mit *Wilhelmine Auguste*, Prinzessin von Darmstadt, und als 1795 sein älterer Bruder *Carl* starb, übernahm er die Regierung von Zweibrücken. Sein Regierungsantritt fiel in die gefahrenreiche Zeit der sich ausbreitenden französischen Revolution. Unter dem Vordringen *Moreaus* mußte er bald nach Ansbach flüchten, wo er andere fürstliche Emigranten antraf. Hier heiratete er nach dem Tode seiner ersten Gemahlin die Prinzessin *Caroline von Baden* und kam 1799 nach *Karl Theodors* Tod in den Besitz von Pfalz-Bayern. Mit großem Jubel wurde der neue Herrscher in der Residenzhauptstadt München – sie zählte damals 40 000 Einwohner – empfangen. An die Stelle der dumpfen, drückenden Enge in den letzten Regierungsjahren *Karl Theodors* trat jetzt eine Periode freieren Lebens, gefördert durch den »aufgeklärten« Regenten und, was sehr wichtig war, seine protestantische Gemahlin. Welchen Wandel dies bedeutete, kann man ermessen, wenn man bedenkt, daß München bis 1800 eine rein katholische Stadt war. Kein Protestant oder Jude konnte hier das Bürgerrecht erwerben. 1801 mußte der Kurfürst die Stadt zwingen, dem Mannheimer Weinwirt *Joh. Bapt. Michel*, der in der Rosenstraße ein Weinschankrecht erworben hatte, als erstem Protestanten das Bürgerrecht zu verleihen. Die erste protestantische Kirche erstand nach sechsjähriger Bauzeit als Matthäuskirche in der Sonnenstraße. Damals begann mit der Säkularisation auch die Auflösung der fünfzehn Klöster in München. Kleinere Kirchen wurden geschlossen. Der aufklärende Reinigungseifer war so stark, daß sogar der Mönch im Stadtwappen (1808) verschwinden mußte. An seine Stelle trat ein

Tor mit dem Löwen. Erst unter König *Ludwig I.* (1835) erhielt München sein altes Stadtwappen wieder.
Bald nach der Regierungsübernahme *Max IV. Joseph* wurden das Land Bayern und München in die großen Kriegshändel der damaligen Zeit einbezogen. Dank der Uneinigkeit der großen europäischen Mächte war es *Napoleon* gelungen, das ganze linke Rheinufer für Frankreich zu annektieren. Die französische Grenze wurde durch den Rhein, im Süden durch die helvetische und ligurische, im Norden durch die batavische Republik gebildet. Bayern war während des Krieges zwischen Frankreich und Österreich im Jahre 1800 zum Kriegsschauplatz geworden. (Schlacht bei Hohenlinden, zwischen München und Wasserburg). Nach der Besiegung Österreichs und nachdem auch Preußen gedemütigt war, sah sich Bayern in die Notwendigkeit versetzt, hochpolitische Entscheidungen zu treffen. Bei realer Betrachtung der Lage (Preußen und Österreich besiegt, Rußland hatte sich von der Koalition zurückgezogen) unternahm Bayern, geführt von einem genialen Staatsmann *(Montgelas)* den immerhin gewagten Schritt, mit Frankreich am 24. 8. 1801 einen Vertrag zu schließen. Dieser garantierte Bayern seinen Fortbestand rechts des Rheins – seine linksrheinischen Besitzungen hatte es durch den Frieden von Lunéville bereits verloren – und versprach für seine linksrheinischen Gebietsverluste (Teile der Kurpfalz, Pfalz-Zweibrücken, Jülich-Cleve) angemessene Entschädigungen. Es wäre töricht, diese Politik unter dem falschen Aspekt eines Treubruchs zu sehen, zumal die damalige deutsche Vormacht (Österreich) sich im Grunde immer und immer wieder mit ihren Annektionsbestrebungen gegen das Land Bayern gewandt hatte. Für Bayern und sein Fürstenhaus sollte das Bündnis mit *Napoleon* reiche Früchte tragen. 1805 wurde der Kurfürst durch *Napoleons* Gnade erster König von Bayern. Durch den von reinen Zweckmäßigkeitserwägungen ausgehenden, letzten Endes aber zum Segen Deutschlands ausfallenden *Reichsdeputationshauptschluß* von 1803 hatten *Napoleon* und sein findiger Außen-

minister *Talleyrand* eine Art Generalflurbereinigung der deutschen Landkarte vorgenommen. Durch den Beschluß wurde den vielen kleinen Territorien und Herrschaften die staatliche Existenz entzogen und die Gebiete den *Napoleon* verbündeten Mittelstaaten zugeteilt. Den Landesfürsten, welche die vielen inmitten ihrer Territorien liegenden kleinen Gebiete stets als lästig und beengend empfunden hatten, kam dieser Zuwachs sehr gelegen. Der Gedanke, daß die Ländereien, die von *Napoleon* als Geschenk ausgeteilt wurden, ihm gar nicht gehörten, machte ihnen wenig Skrupel. Man ließ den also Depossedierten gewisse Repräsentationsrechte, so die Titulatur, Ebenbürtigkeit mit den regierenden Häusern. Im übrigen aber sanken die »Mediatisierten«, die früher so gern ihre Residenzen zu »Klein-Versailles« ausgestaltet hatten, zu Staatsbürgern, wenn auch nach gesellschaftlichen Begriffen zu solchen ersten Ranges, herab. An Bayern kamen jetzt die säkularisierten großen fränkischen Bistümer Würzburg und Bamberg, sowie etwa der dritte Teil des Bistums Eichstätt. Ferner das schwäbische Bistum Augsburg, das Bistum Freising, die gefürstete Abtei Kempten sowie weitere zwölf Abteien, fünfzehn Reichsstädte und ein Teil von Passau. Durch den Frieden von Preßburg (1805) wurde dieser Besitz noch vermehrt um die Reichsstädte Augsburg und Lindau, die österreichischen Länder Tirol und Vorarlberg, die Bistümer Trient und Brixen. Dagegen wurde Würzburg wieder abgetreten. Auch Nürnberg kam hinzu und 1806 das preußische Ansbach. 1809 nach dem Wiener Frieden wurden noch das Bistum Regensburg, das Erzstift Salzburg, das Inn- und Hausruckviertel, das seinerzeit im Frieden von Teschen an Österreich abgetreten worden war, das preußische Bayreuth hinzuerworben. Dagegen wurde Ulm auf Wunsch *Napoleons* compensando an Württemberg zurückgegeben. Durch den Wiener Kongreß kamen die Länder Tirol, Vorarlberg, Salzburg, Trient und Brixen wieder an Österreich, dagegen Würzburg und Zweibrücken (linksrheinische Pfalz) wieder zu Bayern. Die rechtsrheinische Pfalz und Heidelberg verblieben bei Baden. Das kleine Stammland der bayerischen Könige, das Fürstentum Birkenfeld, kam 1817 auf Grund einer Intervention Kaiser *Alexanders von Rußland* an das mit den *Romanows* verwandte Oldenburg.

Bayerns Areal hatte sich somit verdoppelt. Die Bevölkerung des Landes war von einer Million zu vier Millionen angewachsen. Die Vereinigung der nach kulturellen und religiösen Gesichtspunkten (ein großer Teil der neuen Untertanen waren Protestanten) so verschiedenartigen Territorien unter einem Zepter, konnte damals mit einem gewissen Recht die Befürchtung aufkommen lassen, daß dieses, aus so heterogenen Bestandteilen zusammengefügte, Staatsgebilde nicht von langer Lebensdauer sein werde. Trotzdem geschah das – man könnte beinahe sagen – »Wunder«, daß dieses Gebilde in verhältnismäßig kurzer Zeit zu einem einheitlichen Staatskörper wurde, dessen Bewohner sich bis heute mit dem bayerischen Vaterland eng verbunden fühlen. Daß dies gelang, ist nicht zuletzt das Verdienst *Montgelas'* gewesen, den der König alsbald nach seinem Regierungsantritt zum Minister des Auswärtigen berufen hatte. Bald darauf wurde *Montgelas* auch bei den sonstigen Staatsverwaltungen ein unentbehrlicher Ratgeber des Königs.

Der durch seine Lebenserinnerungen »aus der bösen alten Zeit« bekannte Memoirenschreiber *Karl Heinrich Ritter von Lang*, ein scharfer Beobachter und genauer Kenner der damaligen Hof- und Regierungszustände ist hier zu erwähnen. *Lang* wurde 1764 in Balgheim geboren, studierte Jurisprudenz und trat dann zunächst in Wallerstein-Öttingen'sche Dienste. Er wurde dann Archivar auf der Plassenburg, 1799 Domänenrat in Ansbach, 1811 Direktor des Reichsarchivs in München, 1815 wieder Kreisdirektor in Ansbach. Er war ein kluger Kopf, der die traurigen politischen Verhältnisse seiner Zeitepoche zum Teil mit ätzender Feder, aber im Grunde immer bei der Wahrheit bleibend, niederschrieb. Er erwähnt selbst, wie ihm bei einem Abschiedsbesuch beim Minister *von Lerchenfeld* dieser zurief: »Herr von Lang, hätten Sie es über sich gewinnen können Ihre Zunge zu

Freiherr von Zentner

Georg Friedrich Maurer

mäßigen, ich weiß nicht, zu welcher Karriere Sie nicht vielleicht zum höchsten Ziel gelangt wären.« *Lang* erwiderte: »Eure Exellenz, das hat Gott verschieden ausgeteilt. Einige erwarten ihre Majorate durch die Geburt, andere erhalten heimfallende Lehen vom König. Meine Domäne ist die Zunge!« Die Lebenserinnerungen Langs sind neu herausgegeben von V. Petersen (2. Auflage.) Lang starb nach wechselvollem Lebensschicksal 1835. Er schildert *Montgelas,* den er mit einem *Mazarin* oder *Richelieu* vergleicht, als eine Persönlichkeit von hellem Verstand und mit einem durch und durch französischen Gehabe. »Sprühende Augen, eine lang hervorstehende krumme Nase, ein großer etwas spöttischer Mund gaben ihm ein mephistophelisches Aussehen, obwohl er mit seinem stets stark gepuderten Kopf, den kurzen Beinkleidern und den galamäßigen weißseidenen Strümpfen – anders erschien er nie – keinen Pferdefuß zu verstecken hatte«.

Die Familie *Montgelas* stammte aus Savoyen, wo der Vorfahr des Ministers, *François de Garnerin,* Seigneur de la Thuille, nach einem Familiengut Baron *de Montgelas* genannt, Staatsrat und Parlamentspräsident in Chambery gewesen war. Sein Vater trat in Militärdienste bei Kaiser *Karl VII.* und war zuletzt bayerischer General. Aus der ersten Ehe mit einer Gräfin *Trauner* wurde *Maximilian von Montgelas* am 10. 9. 1759 in München geboren (gestorben 14. 6. 1838 ebenda). Seine gutkatholische Erziehung erhielt er zunächst von seiner Mutter, dann am Freisinger geistlichen Hof und (1768–1776) an den Universitäten in Nancy und Straßburg. Während dieser Zeit eignete er sich nicht nur eine ausgezeichnete französische Allgemeinbildung (philosophisches Studium), sondern auch vorzügliche Rechtskenntnisse an. Der bedeutende Professor des Staatsrechts an der Universität Straßburg *Koch* war sein Lehrer. In die Heimat zurückgekehrt, studierte *Montgelas* dann noch ein halbes Jahr in Ingolstadt und legte »mit sonderbar ausnehmender Behendigkeit und Solidität« eine Proberelation vor, die Anlaß zu der schon 1777 erfolgenden Ernennung zum Hofrat gab.

Zwei Jahre darauf wurde er Bücherzensurrat. Kurfürst *Karl Theodor* war ihm ursprünglich sehr gewogen, entzog ihm aber seine Gunst, als bekannt wurde, daß er dem Illuminatenorden angehörte. *Montgelas* verlor sein Amt und suchte Zuflucht in Zweibrücken, wo er Verwendung als Referent für staatsrechtliche Fragen erhielt. Vermutlich infolge der Intrigen eines *Abbé Salabert* fiel er auch hier in Ungnade, erlangte aber die Gunst des jungen Bruders des Herzogs *Karl August*, des Prinzen *Max Joseph*, dem er als Privatsekretär diente. Als *Max Joseph* nach dem Tode seines Bruders die Regierung übernahm, wurde *Montgelas* bald Legationsrat, Geheimrat und Minister der auswärtigen Angelegenheiten. Als *Max Joseph* den Kurhut erhielt, nahm er *Montgelas* mit nach München. Der bayerischen Geschichte widmete er von jeher große Aufmerksamkeit, er nannte sie ein »Repertoire der verlorenen Augenblicke und der versäumten Gelegenheiten«. München nannte er damals »eine sehr rohe Stadt«.

Schon früh erregte die scharfe Beobachtung und Auffassung des jungen Mannes Aufsehen, wie denn auch (so schreibt sein Schwiegersohn Freiherr *von Freyberg* in seinem Nachruf) »ein seltener Einklang der Feinheit des Tones eines Hof- und Weltmannes mit vielseitigem und gründlichem Wissen bei ihm anzutreffen war«.

Montgelas fand bei seinem Amtsantritt folgende Ministerkollegen vor: in der Justiz fungierte der alte Geh. Kanzler Baron *Friedrich von Hertling*, in der Finanz Baron (später Graf) *Franz Carl Hompesch-Bellheim*, im geistlichen Departement *Joh. Theod. Heinrich Reichsgraf Topor Morawitzky*, den *Lang* als den geistreichsten Mann in der ganzen Reichsdeputation bezeichnet. *Montgelas* sollte diese Minister bald ersetzen, so daß er zum Schluß die ganze Staatsregierung in seiner Hand vereinigte.

Seine geniale Begabung zeigte *Montgelas* nicht nur auf dem Gebiet der auswärtigen Politik. Seinen organisatorischen Fähigkeiten ist es zu danken, daß er die neu erworbenen Territorien

– jedes mit eigener staatlicher Verfassung und Rechtsordnung – so aneinander zu ketten verstand, daß die Bewohner sich gern als Bayern fühlten*. Hierzu mag auch die menschliche Güte und die Urbanität *Max I. Joseph* im Umgang mit seinen Untertanen viel beigetragen haben. Gegenüber den dumpfen letzten Regierungsjahren *Karl Theodors* zog jetzt mit Macht ein neuer Zeitgeist durch die bayerischen Lande. Die überalterten Einrichtungen vergangener Jahrhunderte, die zu Beginn von *Montgelas'* Ministerschaft noch fortlebten, wurden weggefegt, so vor allem die alte landständische »Verfassung«. Das Edikt von 1807 machte der Befreiung gewisser Stände von der Steuer ein Ende und gab dem Staat allein das Recht der Steuererhebung und -verwaltung. Schon 1802 war die allgemeine Schulpflicht und auch die Wehrpflicht eingeführt worden. Durch die seit 1803 eingeführte, für damalige Verhältnisse ziemlich weitgehende Pressefreiheit war es jedem Bürger möglich geworden, in Zeitungen, Zeitschriften und Flugschriften seiner Meinung über die bestehenden staatsrechtlichen und sozialen Zustände Ausdruck zu geben. Andererseits wurde die – wenigstens dem Namen nach immer noch bestehende – städtische Eigenständigkeit, die sich namentlich auch im Gerichts- und Polizeiwesen zeigte, aufgehoben und diese Verwaltungszweige verstaatlicht. *Montgelas* war kein Freund der Selbstverwaltung. Ihm hatte von jeher die straffe französische Zentralverwaltung mit dem Präfektur- und Maire-System starken Eindruck gemacht. Erst 1818 erhielt München wieder eine Selbstverwaltung mit zwei Bürgermeistern und zwei Ratskollegien, den Magistrat als Verwaltungsorgan und das Kollegium der Gemeindebevollmächtigten als zuständig zur Wahl und Kontrolle des Magistrats.

Eine der wichtigsten Neuerungen war die Neuordnung des unter *Karl Theodor* nach pfälzischem Muster verlotterten Be-

* Dies betont auch *Montgelas* besonders in seinen Memoiren (zwei Bände 1835), deren erste drei Teile verschollen sind. Vgl. auch *Lang*, Der Minister Montgelas. 1814.

amtentums. Vor allem wurde die Erblichkeit und Käuflichkeit der Staatsämter beseitigt, desgleichen die Anwartschaften (Art. IX der Churpfalz.-bayr. Haus- und Staatsfideikkommisspragmatik vom 20. 10. 1804). Die Rechtsverhältnisse der Staatsdiener (Beamten) regelte die konstitutionelle *Hauptlandpragmatik* vom 1. 1. 1805. Sie enthielt Bestimmungen über Stand (Rang), Gehalt, Umzugs- und Reisegebühren sowie über Pension und über die Versorgung der Witwen und Kinder. Diese, kurz »Dienstpragmatik« genannte landesherrliche Verordnung bildete über ein Jahrhundert die Grundlage für die Rechtsverhältnisse der bayerischen Staatsbeamten und war über die Grenzen Bayerns hinaus für andere Staaten vorbildlich *. Bedingung für die Ernennung zum Beamten war die Erfüllung bestimmter Qualifikationsvoraussetzungen. Als Besonderheit der Besoldung sei hervorgehoben, daß das Gehalt der Beamten in zwei Teile zerfiel, das Standesgehalt und das dienstliche Gehalt. Das erstere verblieb dem Staatsdiener auch im Falle seiner Versetzung in den zeitlichen oder dauernden Ruhestand, das Dienstgehalt bezog er dagegen nur solange als er die Beamtenfunktion ausfüllte. Artikel VIII der Dienstpragmatik betraf die Sicherung der rechtlichen Stellung der Beamten. Der Verlust des dienerschaftlichen Standes (die Kassation) konnte nur nach vorausgegangener gerichtlicher Untersuchung und aus der Rechtskraft des Urteilsspruches eines Justizkollegiums erfolgen. Besondere Vorschriften galten nach Artikel XVIII für die richterlichen Beamten. Von der großen Bedeutung dieser Reformen bekommt man erst dann eine richtige Vorstellung, wenn man die teils ergötzlichen, teils traurigen Schilderungen liest, die *Lang* in seinen »Lebenserinnerungen« und *Vehse* in seiner Geschichte der Höfe (Bd. 2 S. 270 f.) von der »Gerichtsbarkeit der gräflichen und sonstigen Landrichter und von der Kollegienwirtschaft in den Ämtern« gibt. Auch mit dem diesen Einrichtungen zugeordneten Beamtenpersonal stand es nicht viel besser.

* *Schärl*, Die Zusammensetzung der bayerischen Beamtenschaft von 1806–1918 (1955) Einleitung S. 1.

Der bedeutsamste Schritt auf dem Wege zu einem neuen Staat geschah indessen durch die *Konstitution von 1808.* Sie war nach den bekannten und damals schon weit verbreiteten Grundsätzen der Aufklärung gestaltet und stellte wie alle modernen Verfassungen in erster Linie die Grundrechte der »Untertanen« fest: Die persönliche Freiheit und damit den Wegfall der im Rahmen der Grundherrschaft noch immer gültigen Leibeigenschaft, die Gleichheit aller Staatsbürger und damit die Beseitigung der Privilegien des Adels und der Kirche, die Gewissensfreiheit und damit auch den Wegfall des seit 1555 (Augsburger Religionsfrieden) noch gültigen Grundsatzes: »Cuius regio, eius religio«, die Freiheit der Presse und die Unabhängigkeit der Rechtsprechung.
Hand in Hand damit ging die Neuorganisation der Regierung und der Verwaltung (Ministerialverfassung, Kreisverfassung). Besondere Finanzbehörden, Hebung des gewerblichen und wirtschaftlichen Lebens, insbesondere auch durch gleiche Maße, Münzen und Gewichte, und ein staatliches Postwesen waren Hauptanliegen.
Wohl als wichtigster Grundsatz der neuen Verfassung kann das Grundrecht der Glaubens- und Gewissensfreiheit gelten. Bei der Durchführung dieser Grundsätze ging *Montgelas* nur schrittweise vor, indem er, zunächst in Altbayern mit der Erlaubnis beschränkter Religionsausübung für »Konfessionsverwandte« begann. Dann erlaubte er die Einwanderung Evangelischer, den Grundstückskauf, die Verleihung der Bürgerrechte und regelte schließlich auch das Recht zur Übernahme öffentlicher Ämter durch Nichtkatholiken.
Weniger Beifall fand *Montgelas* bei seinen Maßnahmen zur Durchführung der *Säkularisation,* von der besonders München stark betroffen wurde. *Montgelas* hat aus diesem Anlaß viele Vorwürfe anhören müssen. Man muß auch zugeben, daß die *Durchführung* der Maßnahmen besser weniger übereilt und nicht so radikal erforderlich gewesen wäre. Dabei muß aber bemerkt werden, daß als Urheber der Säkularisation nicht *Mont-*

gelas, sondern § 35 des Reichsdeputationshauptschlusses vom 26. 4. 1803 zu gelten hat.

Besonders wichtig für das neue Staatswesen mußte es sein, für die verschiedenen, insbesondere für die neu hinzugekommenen Staatsteile ein einheitliches Recht zu schaffen. Hier hat *Montgelas* nur die Anfänge der neuen Entwicklung miterlebt, die sich an die Namen *Feuerbach* und *Gönner* knüpfen, von denen später die Rede sein wird.

Ein so hervorragender und eigenwilliger Kopf wie *Montgelas,* der sein oberstes Ziel, Bayern zum modernen, machtvollen Staat zu machen, nie aus dem Auge verlor und bei der Verfolgung dieses Ziels auch keine Mittel scheute, konnte nicht ohne heimliche und offene Gegner bleiben. Zu ihnen zählte die Kirche, die er nicht nur durch seine massiven Säkularisationsmaßnahmen, sondern auch durch sonstige Behinderungen und Plackereien schwer gekränkt hat. Die versuchte Beseitigung der Wegkreuze wurde ihm auch vom einfachen Volk sehr verübelt. Die Untersagung der alle zehn Jahre stattfindenden Oberammergauer Passionsspiele geht ebenfalls auf ihn zurück. »Indecenz schon der Idee« war seine Ansicht, die von der Polizei- und Kirchensektion in München damit begründet wurde, »daß die Aufführung solcher theatralischer Vorstellungen längst als mit der Würde der Religion unvereinbar anerkannt und durch landesherrliche Verordnungen allenthalben abgestellt worden sei«. Einer Deputation der Oberammergauer gelang es aber durch Vermittlung des früheren Erziehers des Königs, des Geistlichen Rats *Georg Anton Samberger* an diesen heranzukommen und ihn zu der Entschließung vom 3. 3. 1811 zu veranlassen, auf Grund deren für das Jahr 1811 (und nur für dieses) das Passionsspiel genehmigt wurde. Zu Mongelas' Gegnern gehörten die heimlichen Neider des so glänzend emporgestiegenen Ministers, hauptsächlich auch die »Deutschgesinnten«, die den Franzosenfreund stets mit großem Mißtrauen betrachteten. Hinzu kam die Feindseligkeit des österreichischen Hofes, dem angesichts seiner schon mehrfach bewiesenen Ambitionen nach Gebietserweiterungen, ein starker bayerischer Staat durchaus im Wege stand. Aber auch Männer wie der *Freiherr vom Stein,* waren seine erbitterten Gegner. Er scheute sich nicht, um *Montgelas'* Einfluß zu bekämpfen, sich eines verächtlichen Subjekts zu bedienen, das eine Streitschrift gegen *Montgelas* veröffentlichte. Dieser Schritt wurde *vom Stein* allerdings auch von seinen Freunden verübelt. Es handelt sich um die Broschüre des Grafen *von Reisach* »Die bayerische Regierung unter Montgelas« (1813), als deren Erwiderung dann des Ritter *von Lang* Schrift »Der Minister Montgelas« (1814) folgte. Die Grafen *von Reisach* (es waren zwei Brüder), über die *Lang* in seinen Memoiren die ganze Schale des Zorns und der Verachtung ausgoß, waren von zweifelhafter adeliger Provenienz, stark verschuldet und auch krimineller Vergehen schwer verdächtig, so daß es der erwähnte Broschürenschreiber für opportun hielt, in das andere Lager zu den »wahrhaft Deutschen« zu flüchten, wo er sich als »Patriot« betätigte. (Vergleiche *Vehse* Hofgeschichten II 297 f.).

Es ist zu berücksichtigen, daß *Mongelas'* Charakterbild schon für seine Zeitgenossen schwer zu umschreiben war. Sein betont fortschrittlicher Zug *(Hardenberg:* c'est le premier ministre revolutionnair!) konnte in manchen Beziehungen auch rasch umwechseln in eine allzu stark betonte aristokratische Haltung. In Bezug auf den Unterschied der Stände und der Vorrechte des Adels — aber nur des hohen Adels (den papierenen, wenigstens den nicht begüterten, zog er gar nicht in Betracht), waren *Montgelas'* Ansichten nicht unbefangen. Jedoch verschloß er sich niemals, die Wege zum Aufstieg auch solchen Personen zu ebnen, die, wenn auch nicht durch Reichtum und vornehme Abstammung, so doch durch Tüchtigkeit sich auszeichneten, wie dies die unter seiner Verwaltung bekanntgewordenen Namen *Otto von Bray, Giese, Stichaner* beweisen. Auch der Ritter *von Lang* hatte in ihm seinen Förderer. Vor dem König fand *Montgelas* mit solchen Ernennungsvorschlägen mitunter wenig Gnade (»warum muß es denn schon wieder so ein Abenteurer

sein?«). Die Gunst dieses gutmütigen, im Volk beliebten Königs, der aber auch schlau und ein guter Menschenkenner war, wußte sich *Montgelas* während seiner ganzen Ministerzeit wohl zu erhalten. Nachdem er die wichtigsten Ministerien in seiner Hand vereinigt hatte, besaß er eine unbeschränkte Machtvollkommenheit in allen Regierungs- und Verwaltungsangelegenheiten. »Von seinen drei Ministerien, erzählt *Lang*, behandelte er das des Innern und das der Finanzen ebenso wie das dritte diplomatisch, zu diplomatisch. Er leistete darin – aufrichtig gesagt – nicht viel ... und ließ darin den lieben Gott zu viel walten. Für Audienzen und Sollicitationen war er nicht alle Zeit gut zu erwischen, im Ganzen aber für die Staatsdiener mild und nachsehend, oft bis ins Weite. Der Bescheid: »Ich kann nichts tun, es dependiert alles von seiner Majestät« (ein schlaues Manöver!) galt eigentlich als eine definitiv abschlagende Entscheidung.« Der König wußte, daß er ihm viel zu verdanken hatte. Seiner Gnade verdankte *Montgelas* das Grafendiplom (1809) und mit dieser Standeserhöhung zugleich eine ansehnliche Majoratsdotation. Zusammen mit seinem bereits erworbenen beträchtlichen Vermögen konnte er nun den Glanz seines Namens auch nach außenhin würdig repräsentieren.
Auf dem Höhepunkt seiner Macht angelangt, erreichte jedoch auch ihn nach 18jähriger Ministerzeit sein Schicksal. Die Zahl seiner stillen Feinde war mit seinem wachsenden äußeren Glanz noch größer geworden. Die »wahrhaft Teutschen«, unter ihnen vor allem der Kronprinz, waren seine geschworenen Gegner. Sein bedeutendster Widersacher aber wurde *Wrede*, der aus bürgerlichen Verhältnissen emporgekommene Feldmarschall und Fürst von *Max Josephs* Gnaden, über den *Lang* in seinen Memoiren (II 164) ein wenig günstiges Urteil fällt. So berichtet *Lang:* »General *Wrede* war der Sohn eines ehemals pfälzischen Beamten, damals ›Landschreiber‹ genannt, ein Amt, die Verwesung für die nur figurierenden adeligen Oberbeamten darstellend und meistenteils in kläglichen Erpressungen und Gewalttätigkeiten gehandhabt. Die Universitätsjahre in Hei-

Nick. Thadd. Gönner

Paul Johann Anselm Feuerbach

delberg (juristische Fakultät) gingen dem jungen Herrn Sohn auf die angenehmste Weise vorüber; bald darauf gelangte er durch den Einfluß seines Vaters zu einer *Hofgerichtsrats*stelle in Mannheim, fühlte sich aber hier bald so sehr am unrechten Platz, daß er zu einem anderen Fach – nämlich zum Forstwesen – übersprang. Als Forstmeister zeichnete er sich durch kräftiges Zusammentreiben der Landsturmbauern im Odenwald gegen die Franzosen aus. Als Landsturmoberster, qui faisait merveille, wie sich die staunenden adeligen Salongesellschaften ausdrückten, rückte er in die bayerische Linie ein und stieg der Rang- und Altersfolge gemäß in kurzem zum General empor«. Folgen dann bei *Lang* noch längere Ausführungen über die »strategischen« Operationen *Wredes* in den Zeiten der Napoleonischen Kriege (*Wrede* ward französischer Graf wegen seiner im Krieg gegen Österreich bewiesenen Tapferkeit. Napoleon: »C'est un Comte de ma façon, mais il n'est pas un maréchal à ma façon!«). *Wrede* war nach Steins Urteil ein entschiedener »Franzosentrabant«, mit dem er sich nicht an einen Tisch setzen wollte. *Wrede* war für die Hanauer Schlacht, wo er gefährlich verwundet wurde, vom König *Max Joseph* mit dem silbernen Marschallstab geehrt und mit einer fürstlichen Begabung der Stadt und des Herrschaftsgerichts Ellingen im ehemaligen Deutschmeistertum Mergentheim in Franken 1814 zum Fürsten erhoben worden. Auf Begehr Österreichs wurde er zum Gesandten auf dem Wiener Kongreß ernannt, wo er die Interessen Bayerns nicht mit besonderem Geschick vertrat.*
1816 ging *Wrede* als Gesandter nach Wien und bereitete hier im Bunde mit dem Kronprinzen den Sturz *Montgelas* vor. Ausschlag für die Umstimmung des österreichfreundlichen Königs gab ein Brief des Kronprinzen an seinen Vater. Er klagte darin über die undeutsche Haltung *Montgelas'* und der bayerischen

* Sein Standbild steht neben dem *Tilly's* in der bayerischen Feldherrnhalle in München, die, wie der Volksmund sagt, ihren Namen zu Unrecht trägt, weil *Tilly* zwar ein Feldherr, aber kein Bayer, *Wrede* dagegen ein Bayer, aber nicht ein Feldherr sei.

Regierung und drückte sein Bedauern darüber aus, daß gewisse Diener des Königs sich erlaubten, die Person des Prinzen und seine Aufführung in ungünstigem Lichte erscheinen zu lassen. Von anderer Seite wurde dem König zugeflüstert, daß *Montgelas* sich immer mehr die Rolle eines Majordomus anmaße. Österreich selbst sah den Ministerwechsel in Bayern aus verständlichen Gründen nicht ungern. Genug, bei des Königs Anwesenheit in Wien fielen die Würfel zu Ungunsten *Montgelas'*. Dieser saß nichtsahnend auf seinem Landsitz in Bogenhausen, damals noch ein Dorf in der Umgebung Münchens, und erwartete den König zum Tee. Da erhielt er ein durch einen Kurier überbrachtes Handschreiben, worin der König ihm mitteilte, daß ihm gewisse Verhältnisse nicht gestatteten, ihn länger in Diensten zu behalten. Gleichzeitig wurde ihm eröffnet, daß das Rückzugsgehalt auf 30.000 fl festgesetzt sei. *Montgelas* saß lange schweigend da und brach dann (nach *Lang)* in die Worte aus: »Und warum nur 30.000 fl?« (sein Gehalt war 36.000 fl gewesen). Auf seine Vorstellungen wurde ihm später dann diese Pensionserhöhung zugestanden. Er zog sich von allen Geschäften zurück, widmete sich der Verwaltung seiner Güter und schrieb – wie üblich – seine Memoiren. Er starb im Jahre 1838, im gleichen Jahre wie sein Gegner *Wrede.* *

Aus dem alten Ministerium *Montgelas'* wurden nun drei neue Ministerien gebildet; Freiherr *von Rechberg* für das Äußere, Graf *Thürheim* für das Innere, Freiherr *von Lerchenfeld* für die Finanzen. Dem Grafen *von Thürheim* setzte man auf Wunsch des Königs (*Lang* II 206 spricht von der göttlichen Faulheit des Grafen) noch als Unterminister den Herrn *von Zentner* an die Seite. *Zentner* wurde am 27. 8. 1752 in Heppenheim (Pfalz) als Sohn eines Bauern geboren. Er studierte Rechtswissenschaft und war von 1777–1799 Professor des Staats- und Fürstenrechts in Heidelberg. *Max Joseph* berief ihn bei seiner Regierungsübernahme als Geh. Rat und Referendär im geist-

* Nach ihm wurde später die Montgelasstraße in München-Bogenhausen benannt.

lichen und auswärtigen Departement nach München. 1797 war er kurbayerischer Gesandter beim Rastatter Kongreß gewesen. 1801 wurde er Mitglied der bayerischen Akademie der Wissenschaften und 1817 Staatsrat im ordentlichen Dienst. Der König baronisierte ihn 1819 und bedachte ihn zugleich mit einem ansehnlichen Lehen in der Oberpfalz. Er erhielt das Portefeuille des Auswärtigen und der Justiz. In letzterer Eigenschaft war er Hauptbeteiligter an der Ausarbeitung der *Verfassung von 1818* und an dem *Konkordat* mit dem Papst von 1817/21. Er starb, unverheiratet 1835 in München.

Die bayerische Verfassung von 1818 war eine der ersten deutschen Staatsverfassungen (die badische Verfassung war einige Jahre älter) mit konstitutionellem Charakter. Sie gewährte über die *Montgelas'sche* Verfassung von 1808 hinaus eine Mitbestimmung des Volkes durch die in zwei Kammern aufgeteilte »Ständeversammlung«, bestehend aus der Kammer der Reichsräte und der Ständekammer. Diese setzte sich zusammen aus Vertretern der Geistlichkeit, der städtischen Bürger und der Landeigentümer. Wer weniger als 10 fl. Steuer zahlte oder nicht einer der drei christlichen Konfessionen angehörte, konnte nicht Abgeordneter werden. In den Händen der Ständeversammlung lag die Gesetzgebung, die Haushaltsgenehmigung und die Steuerbewilligung. Der Abschluß des Konkordats machte nicht geringe Schwierigkeiten, stellte er doch* die ganze Kirchengesetzgebung des 19. Jahrhunderts, die Gleichberechtigung der christlichen Konfessionen und sogar das ältere bayerische Staatskirchenrecht in Frage. Beide großen Gesetzesarbeiten – die Verfassung und das Konkordat – waren unter *Montgelas*, der ein entschiedener Gegner einer Konstitution im Sinne der von 1818 war, nicht möglich gewesen.

Fast gleichzeitig mit der Verfassung wurde das Gemeinderecht, das unter der zentralistischen Verwaltung *Montgelas'* fast ganz verschwunden war, wiederhergestellt. Dem von den Ge-

* Doeberl, Geschichte Bayerns.

meindemitgliedern gewählten Magistrat wurde für wichtige Teile der Verwaltung (Vermögensverwaltung, Schulwesen) das Selbstverwaltungsrecht gewährt, allerdings unter Vorbehalt der staatlichen Aufsicht.

Volk und Staat befanden sich somit in einer für die damalige Zeit denkbar besten Verfassung. Die Welle der Freiheit, die damals alle Kreise der Bevölkerung durchströmte, erfuhr allerdings in den letzten Jahren des Königs eine starke Eindämmung durch die von *Metternich* inspirierte Angst des Ministers Graf *Rechberg*, der angesichts des nationalen und freiheitlichen Gebarens gewisser Schichten, insbesondere der Studentenschaft, den Ausbruch einer Revolution befürchtete. Polizeiliche Überwachungen und Schikanen waren bald an der Tagesordnung, so daß trotz der Konstitution die innenpolitische Lage einen beträchtlichen Grad von Spannung erreichte. Da starb 1825 der König, den sein Volk nicht zuletzt deswegen den »Vielgeliebten« genannt hatte, weil er volkstümlich war und für Bittsteller stets eine offene Hand gehabt hatte. *Vehse* (a. a. O) erzählt, daß er jeden Morgen sich von seinem Kassierer 1000 fl. geben ließ, die er dann bei den Vorsprachen von Bittstellern usw. schon bis zur Mittagsstunde völlig ausgegeben hatte.

Sein Nachfolger wurde *Ludwig I.* (1825–1848). Er wurde 1786 in Straßburg i. E. geboren, als sein Vater dort Oberst des französischen Regiments Royal d'Alsace war. Zum Erzieher hatte er ein Original, den Kabinettssekretär *Rheinwald*, der gleichzeitig ein eifriger deutscher Sprachforscher war. Großen Einfluß nahm seine Mutter auf die Erziehung *Ludwigs I.*, die ihm später auch die große Antipathie gegen die »Franzmänner«, besonders gegen *Napoleon* einflößte. Im Jahre 1810 heiratete er *Therese*, die Tochter des Herzogs *Friedrich von Hildburghausen*.

Das Volk setzte auf *Ludwig I.* in nationaler und verfassungsmäßiger Hinsicht große Hoffnungen. War er es doch gewesen, der stets – im Gegensatz zu *Montgelas* – auf die Einführung einer Verfassung gedrängt und den reaktionären Bestrebungen im *Metternich'schen* Sinne Widerstand geleistet hatte. Unter

Karl von Amira

Graf Pocci

ihm wurden in der Folge Öffentlichkeit und Mündlichkeit im gerichtlichen Verfahren sowie die Trennung der Justiz von der Verwaltung durchgeführt. Er hat das Finanzwesen – sogar die Schulden aus dem spanischen Erbfolgekrieg waren noch nicht abgezahlt, geschweige denn die großen Geldverpflichtungen aus der napoleonischen Zeit – saniert, Handel und Verkehr gefördert. Bei der Schaffung des deutschen Zollvereins (1834) war er tätig dabei. Freilich hat dann später seine Begeisterung für die Verfassung stark nachgelassen. Er wurde zum typischen Vertreter der »Restauration« und suchte – als Romantiker auf dem Thron – die von *Montgelas* verbannten Klöster und das alte kirchliche Brauchtum wiederherzustellen.

Sein Bild wäre unvollständig gezeichnet, wollte man nicht hinzufügen, daß er der kunstliebendste König seiner Zeit war, der selbst dichtete und seine Verse noch bei Lebzeiten herausgab. Mit König *Ludwig I.* ist Bayern in seine wahrhaft klassische Zeit eingetreten. Eine seiner ersten Taten war die Verlegung der Universität von Landshut nach München (1826), das dadurch und durch die Berufung bedeutender Gelehrter zu einem wissenschaftlichen Zentrum Deutschlands wurde. Was *Ludwig I.* für die Kunst und die Architektur in München getan hat, wird ihm für immer ein ehrendes Andenken sichern. Er hat die Ludovicianische Kunstaera geschaffen. Es sei hier nur auf die monumentale Ludwigstraße, an die Residenzbauten, die Königs- und Festsäle, die alte und die neue Pinakothek, die Glyptothek und den noch am Tage seiner Abdankung (21. 3. 1848) genehmigten Bau der Propyläen verwiesen und an die von ihm herangezogenen Künstler *Klenze, Gärtner, Schwanthaler* und *Cornelius* erinnert. Die Sanierung der Finanzen leitete der Minister Graf *Armansperg*, an die Spitze des Kirchen- und Schulwesens trat der Minister *von Schenk*, unter dessen Leitung der Geh. Rat *Thiersch* eine neue Schulordnung schuf.*

An die 1826 von Landshut nach München verlegte Universität,

* Nach ihm ist eine Straße und ein Platz in München benannt.

deren Verfassung *Schenk* (1829) ausgearbeitet hat, versuchte der Minister, selbst Jurist und Schüler *Savignys*, für die juristische Fakultät die bedeutendsten Namen der damaligen Zeit heranzuziehen. Seine Bemühungen hatten nicht immer Erfolg; die Verhandlungen mit *Savigny* und *Thibaut* (Heidelberg) führten zu keinem Ergebnis. Auch *Karl Joseph Anton Mittermaier*, 1787 in München geboren, konnte nicht aus Heidelberg zurückgewonnen werden. Er studierte in Landshut und München Rechtswissenschaft und kam in enge Beziehungen zu *Feuerbach*. Diesem diente er als Sekretär, namentlich bei der Übersetzung und Ausziehung französischer und italienischer Gesetze. Er erhielt ein Regierungsstipendium von 600 fl. zum Besuch auswärtiger Universitäten. Mehr hatte man nicht für erforderlich gehalten, weil der 21jährige Jüngling mit einem anscheinend unheilbaren Brustleiden noch höchstens ein Jahr Lebenszeit vor sich hatte. Diese Voraussage hat ihn nicht gehindert, 80 Jahre alt zu werden. Anfang 1809 erhielt er den Auftrag der Regierung, eine neu errichtete Professur in Innsbruck zu übernehmen, vorher aber noch die Doktorprüfung in Heidelberg abzulegen. Da aber Tirol wieder österreichisch wurde, mußte er seine akademische Laufbahn in Landshut als Privatdozent neu beginnen. Er las Römisches Recht und Deutsches Recht und wurde von *Gönner* nach München berufen. Hier übernahm er dessen Vorlesungen über Prozeßrecht und wurde 1811 Professor. 1821 nahm er einen Ruf an die Universität Heidelberg an. Er starb dort 1867. Dagegen gelang Herrn von Schenk die Berufung *Georg Friedrich Maurer's* *, *Nik. Thadd. Gönners* und vor allem *Anselm Feuerbachs.*

Nikolaus Thaddäus Gönner, geboren am 18. 12. 1764 in Bamberg, wurde 1789 daselbst Professor der Rechtswissenschaft und 1791 wirklicher Hof- und Regierungsrat; 1792 wurde er Professor in Ingolstadt. Als er 1796 von dem Lehrfach des Privatrechts zu dem des deutschen Staatsrechts überging, wurde er

* *Georg Ludwig von Maurer*, Rechtsgelehrter und Staatsmann 1790–1872.

gleichzeitig zum Geh. Staatskonferenzrat ernannt. 1792 wurde er kurfürstlich-bayerischer Hofrat unter Übertragung der Professur für Staatsrecht an der Universität Ingolstadt und 1800 an der nach Landshut verlegten Hochschule. 1811 erhielt er den Auftrag zur Mitarbeit an dem neu zu schaffenden einheitlichen Recht für Bayern und wurde nach München berufen. Im Jahre 1812 wurde er zum zweiten Direktor des Appellationsgerichts für den Isarkreis ernannt. Am 9. 5. 1815 wurde er Geh. Referendär im Ministerium der Justiz und erhielt am 25. 3. 1817 Titel und Rang eines Geh. Rats. 1817 wurde er Staatsrat und 1820 solcher im ordentlichen Dienst. Er lebte in seinen letzten Jahren ganz zurückgezogen in München und starb am 18. 4. 1827. *Gönner* war der Vater der bayerischen Dienstpragmatik von 1805. Seine wissenschaftlichen Hauptwerke waren: Handbuch des deutschen Prozesses, 4 Teile 1802–1804; Deutsches Staatsrecht 1804; Archiv für Gesetzgebung und Reform des juristischen Studiums, 4 Bände 1808–1812; Entwurf eines Gesetzes über das gerichtliche Verfahren in bürgerlichen Rechtssachen, 3 Bände 1815–1817. Auch an dem Entwurf eines neuen bayerischen Kriminalgesetzbuches hat er wesentlich mitgearbeitet.

Hierbei sollte er in einen zeitlebens währenden Gegensatz treten zu *Paul Johann Anselm Feuerbach*, dem Begründer der neuen Strafrechtswissenschaft.

Feuerbach wurde am 14. 11. 1775 in Hainichen als Sohn eines Advokaten geboren, der bald darauf nach Frankfurt am Main übersiedelte. Seine Jugendjahre waren infolge des jähzornigen Charakters des Vaters keine glücklichen. Als 16jähriger entzog er sich durch Flucht dieser Tyrannei und reiste zu Verwandten seiner Mutter nach Jena. Hier studierte er zunächst Philosophie und schloß mit 20 Jahren sein Studium mit der Promotion zum Dr. phil. ab. Der Vater hatte ihn schriftlich wiederholt zum Rechtsstudium gedrängt, weil der Sohn sich dadurch eher eine Lebensgrundlage schaffen könne. *Feuerbach* hatte dies aber stets abgelehnt. Hierüber schreibt er später an

eine Freundin: »Die Jurisprudenz war mir von meiner frühesten Jugend an in der Seele zuwider und auch jetzt fühle ich mich von ihr als Wissenschaft nicht angezogen.« Schließlich ließ er sich doch – er hatte inzwischen geheiratet und Weib und Kind zu ernähren – bewegen, zur Jurisprudenz überzugehen. Die Brücke zum juristischen Beruf wurde die 1798 herausgegebene Schrift »Über das Verbrechen des Hochverrats«. Unter seinen frühen Schriften ist besonders hervorzuheben die »Kritik des natürlichen Rechts als Propädeutik zu einer Wissenschaft des natürlichen Rechts« (1796), in der er eine scharfe Grenze zwischen Recht und Moral zieht. Dies ist ein Leitsatz, der auch in seinen späteren Arbeiten immer wiederkehrt. In seiner Promotionsarbeit zum Dr. jur. wandte er sich im Interesse einer unverbrüchlichen Geltung des Gesetzes erneut gegen »die Anwendung jener übergesetzlichen Milderungsgründe, mit denen die Praxis des gemeinen Strafrechts die unzeitgemäß gewordene Grausamkeit der Strafandrohungen der Const. Crim. Carolina zu umgehen wußte« *(Radbruch)*. *
Im Jahre 1799 erschien das für die Strafrechtsgeschichte epochemachende Werk »Revision der Grundsätze und Grundbegriffe des positiven peinlichen Rechts«, dem 1800 ein zweiter Teil folgte. Weiterhin erschien seine Streitschrift über die Strafe als Sicherungsmittel, in welcher er den Grundsatz aufstellt: »Der Rechtsstaat kann kein Strafrecht anerkennen ohne Gesetz, Strafen sind nur zuzulassen um der im Gesetz angegebenen Straftaten willen.« Hier wird also mit aller Deutlichkeit der heute jedem Rechtsstudenten geläufige Grundsatz vertreten: »Nulla poena sine lege!« Nicht auf die immer zweifelhafte Erforschung des Charakters kommt es nach *Feuerbach* an, vielmehr nur auf die mit weit geringerer Irrtumsgefahr feststellbare Einzelschuld, und auch in diesem Sinne ist die rechtliche von der moralischen Beurteilung garnicht scharf genug zu trennen. Ziel des Strafrechts ist es, den Delinquenten von der Rich-

* G. *Radbruch*, Paul Anselm Feuerbach, ein Juristenleben, 2. Auflage herausgegeben von *Erik Wolf*.

terdespotie, einer der fürchterlichsten die es gibt, sicher zu stellen. (*Radbruch* a. a. O. S. 44). 1801 folgte das berühmte Lehrbuch des peinlichen Rechts, das ein halbes Jahrhundert lang Theorie und Praxis beherrscht hat.

Die Hoffnung *Feuerbachs* auf Erlangung einer ordentlichen Professur in Jena erfüllte sich nicht. Er erhielt nur den Titel eines a. o. Professors. Statt seiner wurde *Thibaut* berufen, der in Kiel lehrte. Dieser muß wohl selbst empfunden haben, wie sehr *Feuerbach* Unrecht geschehen war, denn er empfahl ihn bei seinem Minister in Kiel als seinen Nachfolger. *Feuerbach* nahm den Ruf nach dort an, wohl hauptsächlich wegen des ihm gebotenen Jahresgehalts von 150 Thlrn., das seiner sehr mißlichen Vermögenslage abhelfen sollte. Da wendete sich das Schicksal zu seinen Gunsten. Kurfürst *Max Joseph* und sein Minister *Montgelas* waren bestrebt, zur Durchführung und Belebung ihrer aufklärerischen Ziele norddeutsche Gelehrte an die Universität Landshut zu bringen. Diese stand damals nach außen hin zwar in großem Ansehen, stellte aber durch ihren Mangel an geistig hochstehenden und schöpferischen Persönlichkeiten mehr einen mittelmäßigen Lehrbetrieb dar. Ein Ruf nach dorthin erreichte auch *Feuerbach*, der ihn freudig annahm (1804). Gleich nach seiner Ankunft erhielt er auch den Auftrag zur Ausarbeitung eines Strafgesetzbuches; auch wurde ihm eine Tätigkeit im Ministerium in Aussicht gestellt. Am 16. 12. 1805 erging dann das Dekret, durch das *Feuerbach* zum a. o. Mitglied des Justiz- und Polizeidepartements mit dem Titel eines Geh. Referendärs und mit dem Sitz in München ernannt wurde. Von 1805 bis 1814 hat *Feuerbach* dem bayerischen Justizministerium angehört. Als ordentlichem Geh. Referendär und Mitglied des Geh. Rats zur Beratung des Königs bei den Gesetzgebungsarbeiten ist es ihm gelungen, in der Kommission seine bahnbrechenden Neuerungen durchzusetzen. Der Entwurf zur Strafrechtsreform war bis Dezember 1807 fertiggestellt. Ein großer Teilerfolg dieser Reform war die Abschaffung der Folter als Mittel der Wahrheitsforschung. Bereits 1804 hatte *Feuerbach* zunächst den Entwurf einer Verordnung über die Abschaffung der Tortur vorgelegt; am 7. 7. 1806 wurde das »Edikt über die Abschaffung der peinlichen Fragen und über das gegen leugnende Inquisiten zu beobachtende Verfahren« von *Max Joseph* unterzeichnet. Es wurde allerdings nicht veröffentlicht, sondern lediglich den Gerichten zur Beachtung mitgeteilt. Solch eine Scheu bestand selbst bei dem aufgeklärten König gegen den Verzicht auf ein »althergebrachtes Beweismittel«. Noch *Kreittmayr* hatte in den Anmerkungen zu seinem 1751 herausgegebenen Codex Criminalis gesagt: »Ist es bei uns nun einmal so eingeführt und finden sich deutliche Spuren, daß die Tortur schon vor 1000 Jahren in Bayern gebräuchlich gewesen, kann auch der Nutzen, welchen der gute Gebrauch dieses Rechtsmittels hat, aus der Erfahrung nicht widersprochen werden.«

Der König war *Feuerbach* gnädig gesinnt. Nachdem er bereits 1806 ordentliches Mitglied des Justizministeriums geworden war, erfolgte 1808 seine Ernennung zum Geh. Rat und später (1825) zum Staatsrat.

Auf Wunsch *Napoleons* ordnete der König am 20. 1. 1808 an, daß auf der Grundlage des Code civil, mit den durch die einheimischen Verhältnisse bedingten Änderungen, ein bayerisches Zivilgesetzbuch ausgearbeitet werden sollte. Auch hiermit wurde *Feuerbach* beauftragt. Er legte dem Minister *Montgelas* die Vorbedingungen für die notwendigen Änderungen des Code civil vor, in denen er sich vor allem gegen die bestehenden Ständeprivilegien wandte. Am 25. 4. 1808 wurde eine Gesetzeskommission eingesetzt, die aber nur wenig vorwärts kam, denn die Interessen der Patrimonialherrn standen entgegen. Vor allem arbeitete gegen *Feuerbachs* Gedankengänge der zwar begabte, aber charakterlose *Gönner,* mit dem sich *Feuerbach* schon in Landshut schlecht verstanden hatte. *Gönner* war inzwischen ebenfalls in das Justizministerium berufen worden. Wahrscheinlich sollte er – gegen den nach Ansicht des damals herrschenden Polizeisystems zu sehr reformdurstigen *Feuerbach* ein Gegen-

gewicht bilden. Zwei Männer wie *Gönner* und *Feuerbach* mußten sich schon von Natur aus wie Wasser und Feuer verhalten. *Gönner* wird auch nachgesagt, daß er – von Haus aus ein mißgünstiger Kollege – stets gegen *Feuerbach* intrigiert habe. *Feuerbach* pflegte zu sagen: »Er (Gönner) trägt seinen Namen zu Unrecht, er müsse eigentlich ›Miß-Gönner‹ heißen.«
Der Entwurf *Feuerbachs* fiel daher trotz der offensichtlich notwendigen Schaffung eines einheitlichen Zivilrechts für Bayern durch. Auf *Feuerbachs* Antrag wurde jedoch später (am 4. 10. 1810) die *Kreittmayr'sche* Zivilprozeßordnung (der Codex judicialis) im ganzen Königreich eingeführt, so daß wenigstens für alle Teile Bayerns ein einheitliches Zivilprozeßrecht galt. Einbezogen in dieses Recht waren auch die neu hinzugekommenen Teile des Landes. Das von *Feuerbach* verfaßte *Strafgesetzbuch* wurde bereits am 16. 5. 1813 veröffentlicht und ist am 1. 10. 1813 in Kraft getreten. Zur großen Enttäuschung *Feuerbachs* wurde aber nicht *er* mit der allein zugelassenen *amtlichen* Kommentierung beauftragt, sondern sein alter Gegner *Gönner*. *Feuerbach* war an sich kein Freund von Kommentaren, weder von amtlichen noch von privaten. In seinem Gutachten über die Kommentierung *Gönners* erklärt er: »Kommentare sind angesichts der Klarheit des Gesetzbuchs überflüssig; sie sind als Polster richterlicher Bequemlichkeit auch gefährlich, kurz ein wahres Grab der neuen Gesetzgebung *«.
Feuerbach fand neben seiner vielseitigen Tätigkeit im Ministerium immer noch Zeit und Muße in den Jahren 1808–1811 die »Merkwürdigen Kriminalrechtsfälle 1808–1811« herauszugeben. Sie bilden den Ausgangspunkt und den Kern des Buches, durch das *Feuerbach* später zum Klassiker der Kriminalliteratur wurde, der »Aktenmäßigen Darstellung merkwürdiger Verbrechen« (1828–1829).
Charakterlich gesehen war *Feuerbach* ein durch und durch deutscher Mann, der sicherlich an der napoleonischen Herrschaft

* *Radbruch*, der diesen Ausspruch zitiert (S. 85), bemerkt hierzu: »Für eine gewisse Art von Kommentaren mag er damit sogar Recht gehabt haben.«

über sein deutsches Vaterland schwer getragen hat. Einen Trost hierbei mag er in der Person des deutschgesinnten Kronprinzen und dessen näherer Umgebung gefunden haben. Er verfaßte unter Umgehung der Zensur eine Flugschrift gegen *Napoleon*, in der er die »Weltherrschaft als ein Grab der Menschheit und der teutschen Freiheit« bezeichnete. Sein Auftreten wurde höheren Ortes übel vermerkt und seine Entfernung aus dem Ministerium beschlossen. Er wurde zweiter Präsident des Appellationsgerichtes Bamberg unter gleichzeitiger Ernennung zum wirklichen Geh. Rat. Er mag im Hinblick auf die in München grassierende Denunziationssucht und die Zänkereien mit seinem Kollegen *Gönner* nicht ungern gegangen sein. Am 18. 3. 1817 wurde er erster Präsident des Appellationsgerichts in Ansbach. Seine Frau und drei Töchter ließ er in Bamberg und führte jetzt, im Vollgefühl seiner unabhängigen Stellung – man kann wohl sagen – »ein freies« Leben in Ansbach, von wo er öfters nach München reiste. Als am 8. 2. 1819 die erste Ständeversammlung in München zusammentrat, begrüßte *Feuerbach* dieses »deutsche Ereignis« mit Enthusiasmus. »Es ist mir jetzt in vieler Beziehung eine große Freude, Bayern anzugehören« schreibt er an *Elisa von der Recke*, »der Himmel ist heiter, die Lüfte wehen frisch, die Sümpfe sind bewegt und die Nachteulen fliehen in die Finsternis. Jetzt sollte man einmal kommen und uns zumuten, eine andere Farbe als blau und weiß zu tragen.« *Feuerbach* hat es abgelehnt, sich als Abgeordneter wählen zu lassen. Aus dem Hintergrund aber übte er seinen Einfluß – auch nach seiner Entfernung aus dem Ministerium – aus, und zwar durch Vermittlung des Würzburger Appellationsgerichtspräsidenten *Joh. Mich. von Seuffert*, des Vizepräsidenten des Landtags – eines der freiheitlichsten Männer. *Feuerbach* schrieb damals seine »Betrachtungen über die Öffentlichkeit und Mündlichkeit der Gerechtigkeitspflege«, eine (nach *Radbruch* S. 192) seiner bedeutendsten Arbeiten. Als, an Stelle des Grafen *Reigersberg*, *Zentner* das Justizministerium übernommen hatte, fand *Feuerbach*, der *Zentner* noch von seiner Landshuter Lehrtätigkeit her gut kannte, Gelegenheit, dem Minister seine gesetzgeberischen Gedanken vorzutragen und nahe zu bringen. Im Auftrag *Zentners* entwarf er 1822 den »Grundriß eines Planes zur Verbesserung der Gerichtsverfassung und des gerichtlichen Verfahrens nach dem Prinzip der Öffentlichkeit und Mündlichkeit« und erhielt den Auftrag zur Verbesserung des Strafgesetzbuches. Einen diesbezüglichen Gesetzentwurf arbeitete *Feuerbach* auch aus, bekam aber in der Gesetzgebungskommission keinen Platz. Die alte Gegnerschaft *Gönners* verhinderte auch hier, daß die wertvolle Arbeit *Feuerbachs* bei der Strafrechtsreform fruchtbar wurde. Es mag für *Feuerbach* eine große Genugtuung gewesen sein, als *Gönner,* in einen Sittenskandal verwickelt, das Ministerium verlassen mußte.

In der Folge bearbeitete *Feuerbach* die Neuausgabe seines Strafrechts-Lehrbuches; am 30. 10. 1825 hatte er bereits die Anmerkungen zum StGB fertiggestellt.

Feuerbach befand sich jetzt (1825) im 50. Lebensjahr, also wie man zu sagen pflegt, auf der Höhe seines Schaffens, aber er war infolge von Überarbeitung, Ärger und Familiensorgen ein müder, alter Mann geworden. Am 21. 10. 1828 wurde ihm nochmals die Abfassung eines bürgerlichen Gesetzbuches für Bayern angeboten. Er lehnte aus Gesundheitsgründen ab, desgleichen 1832 die Berufung auf einen Lehrstuhl in Leipzig. In seinen letzten Lebensjahren beschäftigte er sich noch mit der die Öffentlichkeit damals sehr bewegenden Kaspar-Hauser-Frage; ob er mit seinem Standpunkt das Richtige getroffen hat, scheint fraglich. Am 29. 5. 1833 machte ein Schlagfluß seinem arbeitsreichen Leben ein Ende*.

Feuerbach hat den starken Wandel in der politischen Staatsauffassung und in der Staatsregierung, beginnend mit den Jahren 1830/31 und im Zusammenhang stehend mit der französischen Julirevolution (1830) nur in den Anfängen noch miterlebt. *Ludwigs I.* Begeisterung für die Verfassung hatte sich schon

* Zu seinen Ehren erhielt in München eine Straße seinen Namen.

bald nach seinem Regierungsantritt in eine starke Reaktion gegen die konstitutionelle Staatsform umgewandelt. Er wandte immer mehr die Methoden *Metternich'scher* Innenpolitik an, gebärdete sich als Autokrat und schuf sich viele Feinde. Die Märzunruhen (Münchener Revolution) und der Lola-Montez-Skandal erschütterten seine Stellung vollständig. Am 20. 3. 1848 dankte *Ludwig I.* zu Gunsten seines Sohnes *Max II.* ab.

Die Aera unter König *Max II.* (1848–1864) zeichnete sich dadurch aus, daß nun mit Willen und Duldung des Königs die seit Jahren umstrittenen Reformvorschläge für die Verfassung vom Landtag (1848) beschlossen werden konnten. Der Landtag erlangte erst jetzt das Budgetrecht und das Initiativrecht für die Gesetzgebung. Vor allem wurde auch die veraltete ständische Wahlordnung von 1818 aufgehoben. Die Wahl war nicht mehr an bestimmte Stände gebunden. An ihre Stelle trat die Kandidatenaufstellung ohne Rücksicht auf Beruf oder Stand. Die Pressefreiheit, die *Ludwig I.* eingeschränkt hatte, wurde zurückgegeben und die Vereins- und Versammlungsfreiheit proklamiert. Das Grundlagengesetz von 1848 brachte die endgültige Befreiung der Bauern durch Aufhebung der alten Feudalrechte (grundherrliche Gerichtsbarkeit, Jagd- und Weiderecht des Grundherrn). Vor allem aber wurde dem allgemeinen Verlangen nach Öffentlichkeit und Mündlichkeit der Rechtsprechung, sowie dem Ruf nach einem unabhängigen und unabsetzbaren Richtertum nachgegeben*. Das Recht war von jetzt ab wieder allein in die Hand des Staates gegeben. Die *Kulturpolitik* des Königs erstreckte sich hauptsächlich auf die Heranbildung eines möglichst weltmännisch gebildeten Beamtentums. Er hoffte durch die Stiftung des Maximilianeums, das personifizierten ersten »Noten« für die Dauer der Universitätsjahre eine behagliche, sorgenfreie Existenz ermöglichen sollte, dieses Ziel zu erreichen. Die Akademie der Wissenschaften und die Universität erfreuten sich ganz besonders der königlichen Förderung. Zur Hebung der

* Erst zwölf Jahre später (1861) gelang es, den Grundsatz der Trennung der Justiz von der Verwaltung durchzusetzen.

Wissenschaften wurden zahlreiche auswärtige berühmte Vertreter ihres Faches gewonnen, z. B. der Staatsrechtslehrer *Bluntschli*, der Pandektist *Windscheid* u. a. Für die anderen Fakultäten sei nur an die Namen *Sybel* und *Liebig* erinnert. Durch die Berufung dieser »Nordlichter« sollte das Geistesleben Münchens gehoben und die Stadt zu einer Zentrale der Kunst und der Wissenschaft gemacht werden. Der König umgab sich bei seinen wöchentlichen Symposien gern mit diesen Gelehrten und Künstlern, die nicht nur auf die kulturellen, sondern manchmal auch auf die politischen Angelegenheiten erheblichen Einfluß gewannen. Bald erhob sich eine starke altbayerische Opposition gegen die norddeutschen Fremdlinge. Opfer der öffentlichen Pressepolemiken wurde so z. B. *H. von Sybel.* Auf die Dauer konnte sich die Opposition jedoch nicht durchsetzen. Der feste Wille des Königs und der aufgeklärten Kreise des bayerischen Volkes, München als Gegenpol gegen Berlin zu einer süddeutschen Metropole der Künste und Wissenschaften zu machen, setzte sich letzten Endes doch durch.

Außenpolitisch vertrat *Max II.*, in dessen Regierungszeit die Einheitsbestrebungen für Deutschland fielen, die großdeutsche Lösung. Er verfolgte allerdings das Ziel, weder Österreich noch Preußen eine Art Hegemonie zuzubilligen. Seine Auffassung, daß Bayern die führende Macht unter den Mittelstaaten sei, ließ in ihm die sogenannte »Triasidee« aufkommen, die Bayern als Vertreter der Mittelstaaten einen erheblichen Einfluß auf die von Österreich oder Preußen inaugurierte Politik verschaffen sollte. *Max II.* starb überraschend schnell 1864 *.

Während die Vorgänger von *Max II.* vorwiegend kunstliebende Monarchen gewesen waren, legte der nüchterner denkende *Max II.* den Schwerpunkt seiner Bemühungen um die Hebung Bayerns vor allem auf die praktisch-wissenschaftliche Seite. Musik, Theater, Kunst und Architektur waren ihm dabei nicht fremd.

* Das Andenken an ihn sichert die von ihm geschaffene Maximilianstraße, an deren Ostende sich sein Denkmal – im Hintergrund das Maximilianeum – erhebt.

Aber wie im Leben des Einzelnen, so haben auch im Staatsleben die schönen Künste erst dann eine Berechtigung, wenn durch eine vorausschauende und planvolle Verwaltungsarbeit die Grundlagen für das materielle Wohl der Bürger gelegt worden sind. Daß zur Erreichung dieses Ziels vor allem auch ein umfassend vorgebildetes und leistungsfähiges Beamtentum gehört, hat *Max II.* schon frühzeitig erkannt. Es braucht hier nur auf den – wenn auch in seiner Art unvollkommenen – Versuch des Maximilianeums hingewiesen zu werden. Es dürfte sich in diesem Zusammenhang lohnen, auch einmal einen Blick auf die Menge jener berufsmäßigen Kräfte im Staatsdienst zu richten, von deren pflichtgetreuem und selbstlosem Einsatz das gute Funktionieren der Staatsmaschinerie abhängt. Ihm, dem »unbekannten Beamten« winkt keine Straßenbezeichnung, noch weniger ein Denkmal. Er trägt nur – dichterisch gesehen – den Lohn seiner Pflichterfüllung in seiner Brust! Die Zeiten der Käuflichkeit und Erblichkeit der Ämter, der Sinekuren für gewisse Obere und des Sichschadloshaltens der ausführenden Organe an den geplagten Untertanen waren schon in der zweiten Regierungshälfte *Max I. Josephs* vorbei. Durch eine, den Zeitverhältnissen entsprechende, Dienstpragmatik waren die Rechtsverhältnisse der Beamten geregelt, ihr Ausbildungsgang gesichert und durch ein rigoroses Prüfungssystem ihre Leistungsfähigkeit, theoretisch wenigstens, festgestellt. Die für den höheren Verwaltungs- und den Richterdienst unerläßliche juristische Vorbildung – es gab damals noch keine Klagen über das Juristenmonopol – wurde durch die beim »Staatskonkurs« erzielte Prüfungsnote gewissermaßen auf der Goldwaage bis auf $^1/_{188}$ genau errechnet (von der Jahrhundertmitte des 19. Jahrhunderts ab in $^1/_{20}$ ausgedrückt) und war für die Laufbahn entscheidend. Die Noten der Großen Staatsprüfung mußten nicht gerade auf »Eins« lauten, um in den Ministerialdienst zu gelangen; was die Platzziffer anlangte, so wurde in manchen Jahren das beste Konkursergebnis nur mit »Zwei« bewertet. Der allzusehr mit theoretischem Wissen vollgepackte »Brucheinser« erwies sich aber später in der Praxis des täglichen Lebens manchmal als »Versager« und wurde zur komischen Figur (auf die satirischen Angriffe *Ludwig Thomas* wird später noch zurückgekommen). Dazu kam, daß die Rechtspraktikanten, um ihnen einen genauen Einblick in den Verwaltungsablauf zu verschaffen, auch mit Funktionen betraut wurden, die den unteren und mittleren Beamtenklassen vorbehalten waren. So erwähnt *Felix Dahn,* der in den fünfziger Jahren als Praktikant am Landgericht Haidhausen (Vorort von München) arbeitete, daß der ihn unterweisende Assessor ausrief: »Jesus Maria und a bisserl Joseph! Was seh ich da? Sie können ja nicht einmal Akten binden! Und so was will promovieren! Mein Lieber! Das Aktenbinden ist die erste Staffel zum Justizminister!« Ich selbst erlebte noch einen Ministerialdirektor, der nicht nur die eingegangene Post selbst öffnete, sondern auch die Adressen auf die Briefumschläge schrieb. Eine solchermaßen anerzogene Gründlichkeit, auch Umständlichkeit, verbunden mit einer gewissen Gravität bei Amtshandlungen, wurde gefördert durch bis ins kleinste gehende Reglementierungen, so z. B. über den Geschäftsgang, die Geschäftsstunden, die Verwendung der Büromaterialien, das Tragen der Uniform usw. Auch in das Privatleben griffen solche Regelungen ein. Reisen der Bediensteten aus der Provinz nach München ohne Wissen oder ohne Bewilligung der Vorgesetzten wurden beanstandet. Für Staatsdienstaspiranten bestand die Pflicht der Verehelichungsgenehmigung.

Nicht vergessen werden dürfen in diesem Zusammenhang auch die in Gesuchen, Berichten usw. angewandten Höflichkeits-, ja Unterwürfigkeitsbeteuerungen, deren äußere Form sich namentlich in dem sogenannten »Devotionsschwänzel«, dem langen senkrechten Strich unter dem Schreiben zeigte. Dazu kamen die zeremoniellen lateinischen Bezeichnungen wie app. (apponere = beifügen), mundare (= vergleichen), b. m. (brevimanu = kurzerhand) (quiescieren = in den Ruhestand versetzen), die Retardata (scilicet Acta) usw., die sich allerdings zu damaliger Zeit in allen – auch nichtbayerischen – Kanzleien einer großen

Beliebtheit erfreuten und noch im 20. Jahrhundert zur Anwendung kamen. Graf *Pocci** hat in seinem »Staatshämorrhoidarius« ein lebensfrisches Bild dieses teils geschäftigen, teils behäbigen Musterbeamten gezeichnet, der zeitlebens unter dem Berg seiner »Retardata« seufzt und doch ohne sie nicht leben kann.

Es war das die Zeit des ausgehenden Biedermeier, an die man gewöhnlich denkt, wenn man von »Altmünchen« spricht. Die Stadt hatte damals (1845–1850) etwa 100 000 Einwohner; die Universität zählte unter dem Rektorat des Juristen *Hieronymus von Bayer* 1886 Hörer, darunter 800 Juristen. Das biedermeierliche München war eine glückliche Stadt, in der es sich für den Einheimischen wie für den Zugereisten wohl leben ließ. Zwar waren es nicht, wie in Berlin, die durchgeistigten Salons, wohl

* *Graf Pocci*, 1807–1876, Studierte in Landshut und München die Rechte, ging dann zur Regierung und später zum Hofdienst über, wo er Oberhofzeremonienmeister wurde. Er war gleichzeitig Komponist, Dichter und Karikaturist. Am bekanntesten wurde er durch sein sechsbändiges Komödienbüchlein, eine bibliographische Rarität. Juristen hat er immer gern karikiert, ebenso wie sein großer Zeitgenosse *Daumier*.

aber die künstlerische Atmosphäre der Stadt, das natürliche Gehabe der Bevölkerung und die landschaftlich schöne nähere und weitere Umgebung, die die Fremden, insbesondere vor einer Italienreise, in München Halt machen ließen. Die Bezeichnung »Isar-Athen« kam damals auf. Sie stand wohl auch in einem gewissen Zusammenhang mit der Hellenenschwärmerei des Königs *Ludwig I.* und der immerhin 30 Jahre dauernden Königsherrschaft der Wittelsbacher in Griechenland.

Damals ging eine zweite fremde Welle über die Stadt hin. Es waren dieses Mal aber nicht so sehr die Gelehrten wie die Dichter. Sehr früh schon (1840) kamen *Gottfried Keller*, etwas später *Hebbel* in die Musenstadt. Später folgten *Geibel, Dingelstedt, Bodenstedt, Heyse.* Aber auch der Zustrom bedeutender Gelehrter reißt nicht ab. Neben die Juristen *Bluntschli* und *Windscheid* traten schon früh *Fr. W. Jos. von Schelling*, dann *Sybel* für die Geschichte, *Riehl* für Kultursoziologie und Staatswirtschaft. Noch hervorragender waren die Namen der Naturwissenschaftler wie *Liebig, Ohm, Steinheil* und der Mediziner *Max Pettenkofer* (Hygiene), *Voit* (Physiologie) und *Nußbaum* (Chirurgie). *Maximilian II.* stiftete damals den »Maximiliansorden für Kunst und Wissenschaft«, der ähnlich der preußischen Pour le mérite-Friedensklasse seinen Trägern Zutritt bei Hofe gab.

München war am Ende der Regierungszeit König *Maximilians II.* wirtschaftlich und kulturell so erstarkt, der Staats- und Beamtenapparat so gefestigt, daß der plötzliche Tod des Königs (1864) keinen Bruch für das begonnene günstige Wachstum des Staates und der geistigen Weiterentwicklung bringen konnte. Befürchtungen nach dieser Richtung mußte man schon hegen, war doch sein Nachfolger, der Kronprinz, erst 18 Jahre alt, als er den Thron bestieg.

König *Ludwig II.* war der große Romantiker auf dem Thron, der aus seiner Abneigung gegen Politik und Staatsverwaltung keinen Hehl machte. Dafür machte er aber durch seine Wagnerverehrung (Gründung des Festspielhauses in Bayreuth) und noch mehr durch seine luxuriösen Schloßbauten (Neu-Schwanstein, Linderhof und Herrenchiemsee) viel von sich reden. Er hat München zur Musenstadt gemacht. Innerlich war er von seiner Königswürde aufs stärkste überzeugt. Sein Vorbild war in allem – nicht nur in seinen Bauten – der Sonnenkönig *Ludwig XIV.* Schon früh zeigten sich bei ihm die Anfänge einer schweren Erkrankung, die ihn zur Leitung der Regierung unfähig machten. Die Schulden, die er für das Theater und seine Bauten machten, waren es hauptsächlich, die den königlichen Agnatenverband nötigten, seine Entmündigung (1886) zu betreiben, hatte er doch allein für seine Bauten aus seiner Privatkasse über 13 Millionen Mark Schulden gemacht. Fast unmittelbar nach seiner Verbringung nach Schloß Berg wurden am 13. 6. 1886 der König und sein Leibarzt ertrunken im Starnberger See aufgefunden. Dies war das tragische Ende einer 22jährigen – in der Erinnerung des Volkes noch heute vielfach als märchenhaft empfundenen – Regierungszeit. Leitender Minister unter *Ludwig II.* blieb der schon von seinem Vater berufene *L. K. Heinrich Frhr. von der Pfordten,* geboren am 11. 9. 1811 in Ried (Hauptstadt des damaligen Innkreises). Er studierte in Erlangen und Heidelberg die Rechte, wo er von *Mittermaier* und *Thibaut* zur Ergreifung der akademischen Laufbahn aufgefordert wurde. Er schlug diese Laufbahn jedoch aus, nachdem ihm die Stellung eines Referendärs in der Ministerialkommission zur Beratung der materiellen Interessen des Landes angetragen wurde. Diese wenig einträgliche Stellung gab er aber wieder auf und ließ sich in Würzburg als Privatdozent nieder. 1836 wurde er dort ordentlicher Professor des römischen Rechts. Durch das Ministerium *Abel* wurde ihm seine Stellung entzogen; er wurde als Appellationsgerichtsrat nach Aschaffenburg versetzt. Auf Empfehlung *Puchta's* kam er nach Leipzig und wurde hier Minister des Äußeren, sowie des Kultus und des Unterrichts. Am 18. 4. 1849 erfolgte seine Berufung nach München als Staatsminister des Kgl. Hauses. Er war einer der namhaftesten Vertreter des bayerischen Partikularismus. Am 26. 3.

Kaspar von Steinsdorf

Alois von Erhardt

1859 mußte er von seinem Posten zurücktreten. Nach *Bluntschli* war *von der Pfordten* ein cholerischer und sanguinischer Mann, der den Staatsmann spielte und sich immer wieder von Wallungen und Stößen seiner Leidenschaft treiben ließ. Er starb, völlig vereinsamt, in München am 18. 8. 1880.

Die Regierung übernahm nach *Ludwigs II.* Absetzung und Tod sein Onkel, der Prinzregent *Luitpold* (1886–1912).

Mit ihm begann für Bayern, und insbesondere auch für *München,* jene schöne und friedliche Zeit vor dem ersten Weltkrieg, an die sich wohl jeder, der sie erlebt hat, gerne erinnert. »Die Wissenschaften blühen und die Künste gedeihen, es ist eine Freude zu leben«, mit diesen Worten *Huttens* könnte man jenen Zeitabschnitt überschreiben. Die Hauptsorge der Regierung galt auch jetzt der kulturellen und geistigen Entwicklung des Landes, vor allem der aufstrebenden Universität, die seit 1840 in dem stilvollen romanischen Bau *Gärtners* an der Ludwigstraße untergebracht war. Die Zahl der Studenten hatte sich auf 8000 erhöht; die der Technischen Hochschule, von *Bestelmeyer* erbaut, auf 5000 Hörer. Glanzvolle Namen zierten damals die Lehrstühle der einzelnen Fakultäten; Medizin: *Pettenkofer, von Baeyer;* Naturwissenschaften: *Roentgen, Wilstätter, Boltzmann;* Philologie: *Karl Vossler, Ed. Schwack, Furtwängler;* Theologie: *Grabmann, Pfeilschiffter* und *Eichmann;* Jurisprudenz: *Amira* *, *Seydel* **, *Völderndorff* *** u. a.

* *Karl von Amira,* 1848–1930, Professor für deutsche Rechtsgeschichte.

** *Max von Seydel,* 1846–1901, Professor des Staatsrechts. Staatsrecht des Königreiches Bayern, 7 Bände 1884–1895, 3. Auflage 1903. Kommentar zur Verfassungsurkunde des Deutschen Reiches 1873, 2. Auflage 1877. *Seydels* Rechtsdenken war streng monarchisch. Der Staat ist stets Objekt der Herrschermacht, die Theorie von der Persönlichkeit des Staates wird abgelehnt, wie überhaupt der Begriff der juristischen Person als lebensfremd. Scharfer Gegner gegen *Laband* und *G. Jellinek,* insbesondere auch gegen deren Unterscheidung von souveränen und nichtsouveränen Staaten, wobei nur der Bundesstaat souverän, die Gliedstaaten nicht souverän sind. Nach *Seydels* Auffassung war das Reich ein Staatenbund, kein Bundesstaat. *Seydels* Lehre hat sich außerhalb Bayerns nicht durchsetzen können. Biographie von *H. Naviasky.*

*** *O. Frhr. von Völderndorff,* 1825–1899, geboren in Zweibrücken, war Ministerialrat unter dem Kabinett Hohenlohe. Er setzte sich für die

Nächstdem galt die staatliche Sorge der Hebung des allgemeinen Bildungswesens durch die Reform des Schulwesens (1891): Aufteilung der höheren Schulen in reale und humanistische Zweige; höheres Schulwesen für Mädchen, allerdings zunächst nur privater und kirchlicher Initiative überlassen; im weiteren Verlauf der Frauenbewegung wurden Frauen auch zum Universitätsstudium zugelassen (Immatrikulation einer Frau an der Münchener Universität erstmals 1908).

Münchens Ruf als Kunst- und Literaturstadt gewann eine neue und, man möchte fast sagen, europäische Bedeutung. Im Jahre 1876 begann mit der »Allgemeinen deutschen Kunst- und Gewerbeausstellung« der Reigen der sich jährlich wiederholenden Ausstellungen. Angesichts der glänzenden Wirtschaftslage änderte sich auch das äußere Stadtbild Münchens wesentlich. Die Bevölkerungszahl war durch Eingemeindung mehrerer Vororte (Schwabing, Nymphenburg, Bogenhausen, Sendling) und auch durch Einwanderung um die Jahrhundertwende auf über 400 000 Einwohner gestiegen. Gleichzeitig wandelte sich der architektonische Gesamteindruck der Stadt gewaltig. Als Parallele zur Maximilianstraße wurde, ausgehend vom Prinz-Carl-Palais, die Prinzregentenstraße angelegt, die das östliche Isarufer mit dem westlichen verband und die ihren monumentalen Abschluß mit dem zum 25jährigen Jubiläum der Reichsgründung aufgestellten Friedensengel erhielt. Die umsichtige Stadtverwaltung ließ den Erweiterungsbau des Rathauses vollenden, schuf aus dem ehemaligen Dultplatz den Maximiliansplatz, der durch *Ad. Hildebrands* Wittelsbacher-Brunnen eine klassische Würde erhielt. Des im süddeutschen Barockstil erbauten Justizpalastes (Architekt *Friedrich Thiersch*) haben wir schon zu Beginn des Büchleins gedacht. Gleichzeitig hatten sich die Brüder *Emanuel* und *Gabriel Seidl* daran gemacht, ihre Geburtsstadt mit Gebäuden, wie sie der örtlichen Tradition entsprach, zu verschönern (z. B. das Bayr. Nationalmuseum an der Prinzregentenstraße),

Vereinheitlichung des Rechts in Bayern ein (vor 1870 gab es in Bayern 24 Partikularrechte für Zivilsachen).

und damit das Münchener Stadtbild auf eine architektonische Höhe zu bringen, wie sie wohl kaum von einer anderen deutschen Stadt gleichen Umfanges bis jetzt erreicht worden ist.

Die Oberbürgermeister Münchens

In diesem Zusammenhang dürfte es nahe liegen, der Männer zu gedenken, die im 19. und im Anfang des 20. Jahrhunderts als Lenker der Kommunalverwaltung sich große Verdienste um München erworben haben. Dies geschieht um so lieber, als ihre Namen in einer doppelten Beziehung zu dem Thema unseres Büchleins stehen, denn sie waren Juristen und nach ihnen sind einige der modernsten und schönsten Straßen an den Isarufern benannt. Den Münchener Oberbürgermeister gibt es erst seit der Einführung einer Gemeindeverfassung im Jahre 1818. Nach dieser durfte die Stadt einen »ersten rechtskundigen Bürgermeister« bestallen. Vorher, unter den bayerischen Kurfürsten, bekleideten die Lenker der städtischen Interessen die Würde eines Vorsitzenden am Ratstisch der Stadtväter ehrenamtlich.

Die Reihe der Münchener Oberbürgermeister beginnt mit *F. P. von Mittermayr* (1818–1836), dem »anstelligen Sohn eines Hofmetzgers«, der in Ingolstadt die Jurisprudenz »erlernte« und schon 1791 zum »Inneren Rath des Magistrats von München« gewählt wurde. Einige Jahre später wurde er von *Karl Theodor* geadelt und 1818 zum ersten rechtskundigen Bürgermeister gewählt. Diesen Posten bekleidete er bis zum Jahre 1836, wo er durch Schlagfluß aus dem Leben schied. Über *Mittermayrs* Verdienste wird wenig berichtet. Sicher ist nur, daß seine Stellung wegen mehrerer Meinungsverschiedenheiten mit dem Hof keine leichte war *.

Sein Nachfolger wurde *Joseph von Teng* (1836–1837), geboren

* Die nach ihm benannte Mittermayrstraße befindet sich nördlich und parallel der Georgen-, Nordend- und Schleißheimer Straße. Die Straße erhielt ihren jetzigen Namen erst am 28. 11. 1890.

am 29. 8. 1786 zu Passau als Sohn eines kurfürstlichen Finanzdirektors. Er kam als Rat am Kgl. Stadtgericht in der Vorstadt Au ins Rathaus, wurde Stadtgerichts- und Magistratsrat, dann zweiter und nach dem Tod *Mittermayrs* erster rechtskundiger Bürgermeister. Die kurze Zeit seines amtlichen Wirkens hinterließ keine besonderen Spuren. Er starb am 7. 12. 1837 *.

Mehr von sich reden machte sein Stellvertreter, der talentierte *Utzschneider*, der in der bayerischen Finanz- und Wirtschaftsgeschichte keine geringe Rolle gespielt hat. Er wurde Beamter und leitete zuletzt die »Staatsschulden-Tilgungskommission«. 1818 wurde er zweiter Bürgermeister und verblieb in dieser Stellung bis 1823. Im Jahre 1840 verunglückte er am Giesinger Berg, als die Pferde mit seinem Wagen durchgingen. *Tengs* Nachfolger wurde der Oberbürgermeister *Dr. Jakob von Bauer* (1838–1854). Geboren 19. 12. 1787 in Hirschau (Oberpfalz), gestorben am 4. 8. 1854 **.

Ihm folgt *Kaspar von Steinsdorf* (1854–1870). Er wurde als Sprößling eines alten böhmischen Adelsgeschlechtes am 28. 2. 1797 in Amberg geboren. Am 29. 5. 1837 wurde er zweiter und am 25. 10. 1854 erster rechtskundiger Bürgermeister. Während seiner – im ganzen 33jährigen – Amtszeit in der Stadtverwaltung wurde viel gebaut: die Spitäler am Gasteig und in der Heiligkreuzstraße, die Reichenbach- und die Maximiliansbrücke sowie der Südliche Friedhof. Er war in seinem Privatleben wie auch bei der Verwaltung der städtischen Gelder von einer mustergültigen Sparsamkeit. Mit der neuen Sozialgesetzgebung verstand er sich nur schlecht. Bei seiner eigenen selbstverantwortlichen Einstellung, verlangte er, daß auch der Bürger für seine Zukunft, für Alter und Krankheit selbst Sorge tragen müsse. Man versuchte ihm seinen Rücktritt nahezulegen, ein Ansinnen, das er zunächst als schnöden Undank von sich wies. Schließlich

* Nach ihm ist am 12. 11. 1892/17. 4. 1893 die Tengstraße benannt; sie läuft parallel der Schwindstraße zur Ringstraße.

** Sein Grab befindet sich auf dem Südfriedhof. Ein Denkmal für ihn wurde in den Flaucheranlagen (links der Isar) errichtet.

Joh. von Widenmayer

Georg von Borscht

gab er doch nach und wurde am 5. 5. 1870 »auf sein Ansuchen« in den Ruhestand versetzt. Er starb am 29. 11. 1879 *.
Sein Nachfolger wurde *Alois von Erhardt* (1870–1887), Sohn eines Volksschullehrers. Geboren am 16. 6. 1831 in München, gestorben ebenda am 26. 5. 1888. Er hat sich große Verdienste um die Wasserversorgung und die Kanalisation in München erworben **.
In den Jahren 1888–1893 war *Joh. von Widenmayer* erster Bürgermeister. Er war am 18. 4. 1838 in Lindau im Bodensee geboren, wurde dort Bürgermeister und dann zweiter Bürgermeister in München. Schon am 7. 2. 1889 wurde er erster Bürgermeister. Er vollendete die von *Erhardt* begonnenen großzügigen Unternehmungen (Quellwasserversorgung, Schwemmkanalisation, Pferdebahn und elektrische Beleuchtung, Schlachthof u. a.). Unter ihm wurden die Vororte Neuhausen, Schwabing, Bogenhausen endgültig dem Stadtgebiet einverleibt. Er war auch ein starker Förderer des Volksbildungsvereins. Er starb schon am 5. 3. 1893 infolge übertriebener Anstrengungen, denen sein von Natur aus schwächlicher Körper (»professorale Erscheinung«) nicht gewachsen war. ***
Der nächste Oberbürgermeister wurde *Georg von Borscht* (1893 bis 1919). Er war am 3. 4. 1857 zu Speyer geboren. Unter ihm wurde das Schwabinger Krankenhaus und das Schauspielhaus erbaut. *Borscht* verdankte seine Ernennung zunächst zum zweiten Bürgermeister der Zugehörigkeit zur sozialdemokratischen Partei (9. 2. 1888). Am 1. 5. 1893 wurde er erster Bürgermeister. Er erlebte noch in seinem letzten Amtsjahr den Zusammenbruch der Monarchie, mußte aber dann sein Amt an seinen Parteikollegen *Eduard Schmid* (1919–1924) abtreten, der

* Nach ihm ist die Steinsdorfstraße am linken Isarufer benannt.

** Sein Grab befindet sich auf dem Alten Nordfriedhof. Auf der Insel zwischen den beiden Maximiliansbrücken wurde ihm ein Denkmal errichtet.

*** Sein Grabmonument befindet sich in den Arkaden des neuen Süd-Friedhofs. Nach ihm ist – im Anschluß an die Namen seiner Vorgänger Erhardt- und Steinsdorfstraße – die Widenmayerstraße links der Isar benannt.

als gelernter Möbelschreiner 1887 von Sigmaringen nach München kommend, hier Redakteur und Landtagsabgeordneter geworden war. 1919, nach der Revolution, wurde er Oberbürgermeister. Auch sein Nachfolger, *Karl Scharnagl* (1925 bis 1933, 1946–1948) war kein Jurist. Er war (gelernter Bäcker) politischer Schriftsteller, Mitglied des Landtags, von 1919 an ehrenamtlicher Stadtrat und 1925 erster Bürgermeister. Während der Hitlerzeit verlor er seine Stellung und wurde erst 1946 zum zweiten Male erster Bürgermeister.* Die Bezeichnung »rechtskundiger« erster Bürgermeister war schon mit seinen beiden Vorgängern hinfällig geworden. Mancher wird damals und auch heute noch sagen: Da sieht man's! Warum brauchen wir eigentlich noch Juristen? Sie vergessen aber, daß kein größerer Verwaltungsapparat ohne das Wissen und den Rat von Juristen bestehen kann. Ein rechtskundiger Magistratsrat mußte hier neben dem gewählten Bürgermeister ebenso in die Bresche springen wie dies beim gewählten Landrat der rechtskundige Regierungs- oder Oberregierungsrat tut. Es ist manchmal verwunderlich, wie selbst intelligente Mitbürger über die Notwendigkeit des Rechts und der Rechtskenntnis im Unklaren sind. Erst im Prozeßfall suchen sie Hilfe bei einem Advokaten.

Damit ist das Stichwort *»Advokat«* oder wie wir heute sagen *»Rechtsanwalt«* gefallen. Es wäre Unrecht, bei der Schilderung des Rechtslebens und der Juristen diesen wichtigen Personenkreis zu übergehen. Auch in Münchens Vergangenheit hat es berühmte Rechtsanwälte gegeben. Aber wie dem Mimen, so flicht auch die Nachwelt dem Anwalt keine Kränze. Es müssen in der Regel schon andere Gründe sein, die ihm und anderen Juristen einen Nachruhm sichern. Von diesen anderen Juristen, die von der Juristerei zum Dichterberuf oder zur Literaturtätigkeit übergewechselt sind, soll anschließend die Rede sein.

* Der geneigte Leser wird wohl schon bemerkt haben, daß wir solcher Männer gedenken, die bereits der Rasen deckt; sonst würde auch der Verdienste des Oberbürgermeisters *Wimmer* gedacht werden, der auf *Scharnagl* folgte.

Vorerst sei noch einer Gruppe von Juristen gedacht, die man gemeinhin als Dichterjuristen zu bezeichnen pflegt. Deutsche Gründlichkeit hat für dieses abgelegene Gebiet ein Werk geschaffen, das schon umfangmäßig den Rahmen eines der üblichen Handbücher überschreitet. *Eugen Wohlhaupter* hat in einer Lebensarbeit das dreibändige Werk »Dichterjuristen« geschrieben, das von *H. G. Seifert* herausgegeben wurde. In diesem Werk werden die Namen großer Juristen aufgeführt, die während ihrer Mußezeit, und um der »Trockenheit« ihres eigentlichen Berufes zu entfliehen, den Pegasus bestiegen und die Mit- und Nachwelt durch ihre Dichtungen und Romane erfreut haben. Voran leuchtet der Name *Goethes,* dessen ganzes Lebenswerk, vor allem der »Faust« nach juristischen Gedanken durchgefiltert wird. Aber auch *Savigny* hat während seiner Landshuter Professur zusammen mit seinem Freund *Brentano* den Musen gehuldigt. Das gleiche gilt von *Thibaut,* der allerdings mehr noch als der dichterischen der musikalischen Muse zuneigte. Zu den *Dichterjuristen* im eigentlichen Sinne zählte vor allem auch *Eichendorff,* während man unter *Juristen-Dichtern* diejenigen Männer zusammenzufassen pflegt, die unter Betonung ihres juristischen Lebensberufes gelegentlich auch »Schöngeister« waren. Hier seien mit *Joh. Brant* (»Narrenschiff«) beginnend, vor allem die Namen *Zitelmann, Otto Mayer, O. von Gierke, Cosack* genannt. Der liebenswürdigsten und fruchtbarsten einer aber war *Felix Dahn.* Er wurde in Hamburg am 9. 2. 1834 geboren, siedelte aber bald mit seinen Eltern nach München über, wo sein Vater am Hof- und Nationaltheater wirkte. Seine ersten Universitätsjahre brachte er in München zu. Seine frühe Liebe galt mehr der Geschichte und der Volkskunde, weshalb er die lebendigen Vorlesungen eines *Alois Prinz* (geboren 1820 in Weiler im Allgäu) den dogmatisch-steifen eines *Joh. Caspar Bluntschli* (1801–1881) vorzog. 1857 habilitierte sich *Dahn* in München auf Grund seiner Studien zur Geschichte der germanischen Gottesurteile. *Dahn* verdankte seine Kenntnisse der nordgermanischen Kultur und Rechtsgeschichte vornehmlich dem damaligen jungen Rechtshistoriker *Konrad Maurer.* 1863–1872 lehrte *Dahn* in Würzburg und erhielt dann einen Ruf nach Königsberg. Sein poetisches Werk umfaßt hauptsächlich das Versepos »Harald und Theophano« und den »Kampf um Rom«, entstanden um 1838, veröffentlicht aber erst 1876. Sein wissenschaftliches Hauptwerk »Könige der Germanen« wurde 1857 begonnen und mit dem 20. Band im Jahre 1890 abgeschlossen.

Inzwischen war die Zeit nicht stillgestanden. Das aufkommende Zeitalter der Industrie und der Technik, der Aufschwung von Handel und Verkehr hatten nicht nur die städtebauliche Physiognomie, sondern die geistige Gesamthaltung der Bürger, besonders auch *München* wesentlich umgestaltet. München war eine moderne Großstadt geworden, die im Wettbewerb mit anderen deutschen Städten einen internationalen Rang anstrebte, ohne seine bajuvarischen Besonderheiten aufgeben zu wollen. Der Kampf dieser beiden voneinander grundverschiedenen Elemente – bürgerliche Romantik und Jagen nach Gewinn – ist das Kennzeichen dieser Epoche. So kam es, daß nicht etwa ausschließlich materielle Fragen den Alltag beherrschten, sondern daß zugleich das geistige Leben, die Kunst, die Wissenschaft und die Literatur ihre Auferstehung feierten. Die Verbindung so unterschiedlicher Temperamente wie das der Einheimischen und der »Zugereisten« erzeugte auch jetzt wieder, wie einst in der Aera *Ludwigs I.* reiche Früchte auf dichterischem und belletristischem Gebiet, so daß München damals zu einer Art literarischem Zentrum Deutschlands wurde. Im letzten Jahrzehnt des 19. und im ersten des 20. Jahrhunderts stand das literarische Schaffen in München auf dem Höhepunkt und überwog sogar die für das kulturelle Leben der Stadt bedeutsame bildende Kunst. Dichter und Schriftsteller erkoren sich München zur Wahlheimat. Ein glücklicher Umstand war es, daß in der gleichen Zeit eine Reihe bedeutender Verleger wie *Albert Lan-*

gen, Georg Müller, Reinhard Piper sich hier niedergelassen hatten. Sie setzten sich in liberalster Weise und unter Opfern für die aufkommenden jungen Dichter und Literaten ein; so für *Heymel, R. A. Schröder, O. J. Bierbaum.*

Von großer Bedeutung wurden die um die Jahrhundertwende aufkommenden Zeitschriften »Simplizissimus«, dessen erster Band 1896 im Verlag Albert Langen, und die »Jugend«, die ebenfalls 1896 bei dem Verleger Georg Hirth erschien. Beide Zeitschriften gaben, ebenso wie die »Süddeutschen Monatshefte« und die Zeitschrift »der März« bis dahin fast unbekannten Autoren die Möglichkeit, ihre literarische Produktion bekannt zu machen. Den Anlaß zur besonderen Erwähnung dieser so buntscheckigen Literaturperiode im Rahmen dieses Buches bietet indes gerade der Umstand, daß sich unter den Vertretern dieser modernen Richtung auch Juristen befanden, die ihren Nachruhm allerdings weniger der Juristerei als ihrer originellen – manchmal auch sehr spitzen Feder – verdanken. Bei ihnen handelt es sich auch nicht um »Dichter-Juristen« oder »Juristen als Dichter«, denn sie haben frühzeitig die Juristerei »an den Nagel gehängt« und sich ganz der Schriftstellerei gewidmet. »Schwere Werte« haben sie fast ausnahmslos nicht hinterlassen, sie bildeten aber für das kulturelle Leben Münchens damals ein bedeutsames Ferment, dessen Nachwirkungen sich bis in die neueste Zeit als lebendig erwiesen haben. Ihr Domizil war Schwabing, das zum weltbekannten Begriff einer Art Existentialismus wurde. Im scharfen Gegensatz zu der kurz vorausgegangenen Periode der »Schöngeister« *(Stefan George, Rainer Maria Rilke, Manfred Schröder, Wolfskehl* u. a.) war die neue Dichtergattung – wenigstens nach Auffassung der einheimischen Kleinbürger – ein Sammelbecken von Außenseitern, Sonderlingen, kurz von »spinneten Deifeln«, die jenseits von Gesetz und Ordnung lebend, ein Ärgernis für die ehrbare Bevölkerung bildeten.

Der führende Name wurde *Frank Wedekind* (1864–1918), der durch seinen Bänkelsang und die aufreizenden Dramen und

Schriften (»Frühlingserwachen«) ein Vorbild für die Münchener Literatenwelt dieser Art wurde. Er war das bekannteste Mitglied der »Elf Scharfrichter«, einer am 13. 4. 1901 gegründeten freien Organisation, die sich den Kampf gegen Mucker- und Spießertum zum Ziel setzte. Der Verein hatte sein phantastisch hergerichtetes Versammlungslokal in einer Hinterstube des alten Gasthauses »Zum Hirschen« in der Türkenstraße. Zu seinen Mitgliedern gehörte u. a. *Robert Kothe,* ein in Straubing 1870 geborener Münchener Rechtsanwalt. Er faßte seine Tätigkeit als Rechtsanwalt nur als Nebenberuf auf und widmete seine Zeit vornehmlich der Erweckung des alten Volksliedes. 1903 gab er seinen juristischen Beruf auf, nachdem er mit der Anwaltskammer wegen seines Auftretens in den kabarettistischen Darbietungen der »Elf Scharfrichter« in Konflikt geraten war. Von nun an widmete er sich nur noch der Dichtung und dem Lautenspiel. Als Lautenspieler zog er zusammen mit einer Begleiterin durch die deutschen Lande und erzielte bei seinen Gastrollen – so wird in seinen Erinnerungen erwähnt – beträchtliche Einnahmen, die ihn sein Ausscheiden aus dem Anwaltsberuf gerne vergessen ließen.

Zu den profiliertesten Köpfen des damaligen Schwabing gehören ferner *Otto Julius Bierbaum,* geboren am 28. 6. 1865 in Grünberg-Schlesien und gestorben 1910. Seine Lyrik zeigte neben einigen schönen Abendliedern einen gewissen barockgezierten, oft bizarren Klang. Sein Verleger war Albert Langen. Seine Werke waren u. a.: »Irrgarten der Liebe«, »Reife Früchte vom Bierbaum«, »Prinz Kuckuck«, »Die Haare der heiligen Prinzilla.«

Der bedeutendste Vertreter dieser Epoche – wenn auch ganz anderer Art – wurde aber der »unsterbliche« *Ludwig Thoma,* der am 21. 1. 1867 in Oberammergau, Dorfstraße 20, als Sohn eines Revierförsters geboren wurde. Erst kürzlich hat man dort eine Gedenktafel für ihn angebracht. Er studierte zuerst zwei Semester an der Forstakademie in Aschaffenburg und ging dann zum juristischen Studium über. Nach bestandenem ersten

Examen wurde er zum Rechtspraktikanten (oder wie die Preußen sagen »Referendar«) ernannt und leitete den Staatsdienereid. In seinen »Erinnerungen«, die 1919 erschienen sind, erzählt er: »Ich selbst nahm den Eintritt in die Praxis sehr ernst, aber einmal darin, wurde die Enttäuschung jeden Tag stärker«. Sein Vorgesetzter beim Amtsgericht Traunstein war ein trockener, unbedeutender Mensch, dazu ein stark bürokratisch veranlagter Mann, von dem er nichts lernen konnte. Nicht viel besser ging es ihm beim Landgericht und beim Bezirksamt, wo »der Repräsentant einer anfechtbaren staatlichen Bevormundung« regierte. Dieser Art der Verwaltung brachte er aber weder Verständnis noch Neigung entgegen (Erinnerungen S. 162). Mit *Thoma* praktizierte am Bezirksamt ein adeliger Kollege, der infolge »seiner hereditären Anpassungsfähigkeit« die Kunst des Aktenerledigens glänzend verstand. »Jeder Antrag wurde brevimanu an den Bürgermeister, den Distriktstechniker, den Gendarmen usw. mit dem Ersuchen um Aufklärung oder zum Bericht versandt, und wenn er zurückkam, fand sich immer ein Häkchen, auf grunddessen man eine erneute Auskunft verlangen konnte, so wurde der Schein einer umfassenden Tätigkeit und eines starken Interesses am Amt erweckt.« An seiner Examensnote hatte *Thoma* offenbar nicht viel Freude erlebt. Er verurteilte die einseitige Beurteilung eines Bewerbers lediglich nach der Prüfungsnote und haßte zudem alle »Intellektualisten.« Welchem Zweig des öffentlichen Dienstes sich der Praktikant einmal künftig widmen wollte, konnte – so schreibt er – erst nach dem Konkurs (dem 2. Staatsexamen) entschieden werden. Die »Note« bildete, wie *Thoma* sich ausdrückt, den Pegelstrich seiner Fähigkeiten und der daran sich anknüpfenden Aussichten. Einem »2er« stand alles offen, einem »3er« war ebenso alles verschlossen. *Thoma*, der offenbar zeitlebens unter dem Komplex seines nicht besonders gut bestandenen Examens gelitten hat, blieb danach nur der Rechtsanwaltsberuf offen. Er bekennt zwar (Erinnerungen S. 169/170): »Ich brauchte nicht erst das Ergebnis des 2. Examens abzuwarten, da ich weder Richter noch Verwaltungsbeamter sein möchte. In beiden Berufen sehe ich eine Beschränkung meiner persönlichen Freiheit, gegen die ich mich auflehne. Die Vorstellung, daß ich meinen Aufenthaltsort nicht frei wählen könnte, hätte mich allein schon abgeschreckt. Im Richter- und Beamtenleben, das ich täglich beobachten konnte, schien sich alles in dem engen Kreis zu bewegen, von einer Beförderung zur anderen zu gelangen, und alles Interesse für das Leben über den Beruf hinaus, starb von selber ab. Ich floh, wenn ich irgend konnte, die Gesellschaft der Juristen. Wie Schüler vor ihren Aufgaben, so unterhielten sich die Herren von ihrem »Fall«, und die Medisance, die in diesen Kreisen blühte, bestand immer darin, daß einem Abwesenden nachgesagt wurde, er hätte eine oberstgerichtliche Entscheidung nicht gekannt oder falsch verstanden.« Was würde der Gute erst heute sagen, wenn er die Fülle oberstgerichtlicher – sich oft widersprechender – Entscheidungen mit ihren Präjudizien und dem reichen Zitatenschatz kennen lernte! Den Examenskünstlern, den sogenannten Intellektuellen, galt sein ganzer Kampf und sein sarkastischer Spott. Er war Rechtsanwalt in Dachau geworden, hielt dieses Leben aber nicht lange aus und wandte sich der Schriftstellerei zu. Er lieferte Beiträge an den damals in vollem Flor stehenden »Simplizissimus«, wurde später dessen Leiter und hat einmal auch sechs Wochen im Stadelheimer Gefängnis wegen Beleidigung der Sittlichkeitsvereine zugebracht. Darüber schreibt er in seinem Tagebuch: »Das Ganze war wie eine Komödie! Ich wurde wie ein wildes Tier unter Geleit in das Zimmer geführt und drinnen stand ich noch unter Überwachung eines Inspektors, aber trotzdem, die Situation war dumm und lächerlich!« Von seinen dichterischen Werken sind am bekanntesten geworden die »Moritaten« bei Albert Langen 1908, »Der Postsekretär im Himmel«, »Krawall«, »Das Aquarium«, alle bei Albert Langen erschienen, vor allem aber seine Kurzgeschichten »Der Einser«, wo der Königliche Amtsrichter, Herr Ametsreiter, seine Charakterisierung dahin erfährt: »Er war ein sogenannter

Karl Scharnagl

Wilhelm Kisch

glänzender Jurist, hatte das Staatsexamen mit 1 bestanden und war sohin zeugungsunfähig«. In der Geschichte »Der Vertrag« heißt es von dem Königlichen Landgerichtsrat Alois Eschenberger: »Er war ein guter Jurist und auch sonst von mäßigem Verstand. Er kümmerte sich nicht um das Wesen der Dinge, sondern ausschließlich darum, unter welchen rechtlichen Begriff sie zu subsumieren seien.« In »Die unerbittliche Logik« wird Karlchen als 3. Staatsanwalt vorgeführt, dessen schwaches Nummernverzeichnis von seinen Vorgesetzten gerügt wird und der auf seine Entschuldigung, es wären eben nicht mehr straffällige Handlungen eingegangen, die Antwort erhielt: »Ein pflichtgetreuer Staatsanwalt kann in allem und jedem das strafbare Moment entdecken.«

Aber nicht bloß den »geistgezeichneten Komplex-Intelligenzler« traf sein Spott. Noch schärfer zeichnet er z. B. in »Moral« und »Der Wittiber« mit Witz, saftigem Humor, aber auch mit Menschlichkeit das Leben des bayerischen Landvolks, das nur der schildern kann, der die bayerische Volksseele selbst begriffen hat. Zu dieser Seele gehört auch das bei manchen Bayern herkömmliche ewige »Granteln«. Ein »Grantler« in diesem Sinne war auch *Thoma*. Wir brauchen und sollen daher auch bei ihm nicht alles so ernst nehmen, war es doch in erster Linie sein ausgesprochener Sinn für Humor, der seine Feder geführt hat. Schade, daß ihm die Natur nicht auch, wie einem *Pocci* oder *Wilhelm Busch* den Zeichenstift in die Hand gedrückt hat. Doch verlassen wir jetzt das Feld der heiteren Muse wieder. Ihre Werke entsprangen ohnedies ja nur einem Seitentrieb des gesamten geistigen und kulturellen Nährbodens jener Zeit. Es ist nicht Aufgabe dieser kleinen Schrift, auf die eigentlichen Literaturgrößen im damaligen München näher einzugehen (*Heinrich* und *Thomas Mann, Max Halbe, Michael Georg Conrad* u. a.) da dies dem Thema unseres »Spaziergangs« nicht entsprechen würde.

Um das historische Bild abzurunden, sei nochmals ein kurzer Rückblick auf die weitere Entwicklung der universitas literarum gestattet. Die Ludwig-Maximilian-Universität vereinigte auch in dieser Zeitspanne zu Anfang des 20. Jahrhunderts in den Reihen ihrer Hochschullehrer hervorragende Gelehrte. *Wölfflin* (Kunstgeschichte), *Furtwängler*, der Vater des berühmten Dirigenten (Archäologie), *K. Vossler* (rom. Philologie), um nur einige zu nennen, waren Namen von Weltklang. Auch die juristische Fakultät stellte bedeutende Vertreter ihres Faches: *Leopold Wenger* (röm. Privatrecht), *Cosack* (Handelsrecht und bürgerliches Recht), *Anton Dyrrhoff* (Staatsrecht und Verwaltungsrecht), *Konrad Beyerle* (Bayerische Rechtsgeschichte) und der später (1910) berufene *Wilhelm Kisch* (Zivilprozeß, bürgerliches Recht, Urheberrecht).

In den glücklichen, sorgenfreien Jahren der Prinzregentenzeit, die dann durch die nur kurze Regierungszeit *Ludwigs III.* abgelöst wurde, waren auch die Studentenzahlen an der Universität und an der Technischen Hochschule gewaltig angewachsen. München wurde auch immer mehr ein Sammelpunkt ausländischer Studierender. Die Stadt selbst hatte erheblich an räumlicher Ausdehnung und an Bevölkerungszahl gewonnen. Die Vororte Thalkirchen, Laim, Forstenried, Berg am Laim, Oberföhring, Milbertshofen und Moosach waren eingemeindet worden. Man näherte sich der Millionengrenze. Zur Verschönerung der Stadt und zur Hebung des Kulturniveaus trugen bei der von *G. Seidl* errichtete prächtige Bau des Bayerischen Nationalmuseums in der Prinzregentenstraße und das Prinzregententheater, das Deutsche Museum auf der Kohleninsel, ebenfalls von *G. Seidl* erbaut, das Armeemuseum im Hofgarten (Architekt *Mellinger*) und viele repräsentative Privathäuser. Alle diese Bauten bildeten einen würdigen, vorläufigen Abschluß der durch König *Ludwig I.* eingeleiteten großartigen Bauaera, die München zu einer der attraktivsten Großstädte Europas machen sollte.

SCHLUSSWORT

Unser Spaziergang durch Münchens Straßen ist beendet. Herzlichst dankt der Verfasser den verehrten Lesern, die er durch München führen durfte, für ihr Interesse an dem Aufspüren von Straßennamen, die zu Ehren großer Juristen gewählt worden waren. Daß die Leser den Verfasser auch bei dem Streifzug durch Münchens und Bayerns Vergangenheit begleiteten, erfüllt ihn mit besonderer Freude.

Der alte Traum *Lorenz von Westenrieders* von 1780 »Bayern zum Sitz der Künste und München zur schönsten der Städte zu machen«, ist unter dem Schutz und Segen der *Patrona Bavariae* Wirklichkeit geworden. Von der Treffsicherheit seiner Beobachtung: *»Es ist hier gut sein, und wer nur eine kleine Zeit zugegen, will hier seine Wohnung bauen!«* kann sich jeder, der die Entwicklung der letzten Jahre beobachtet hat, selbst überzeugen.

LITERATUR

Allgemeine Deutsche Biographie (hinsichtlich der einzelnen Namen)

Doeberl, Entwicklungsgeschichte Bayerns, 3 Bände; der 3. Band herausgegeben von *Max Spindler* 1931

H. Rall, Kurbayern in der letzten Epoche der alten Reichsverfassung (1745–1809)

A. L. Bühler, Politische Geschichte Bayerns 1952

W. Schärl, Die Zusammensetzung der bayerischen Beamtenschaft (1808–1918)

H. Ritter von Lang, Lebenserinnerungen an die schlechte, alte Zeit, 2 Bände

Vehse, Bayerische Hofgeschichte, Band 2 und 3

Eugen Wohlhaupter, Dichterjuristen, herausgegeben von *H. G. Seiffert*, 3 Bände

K. Beyerle, Die lex Bajuvariorum, Lichtdruckwiedergabe der Ingolstädter Handschrift (zur Jubiläumsfeier der Umsiedlung der Universität Landshut nach München)

H. I. Vogel, »Daß den Postkutschen ausgewichen werden soll«, allerlei Merkwürdiges aus Gesetzen, Verordnungen usw., München 1957

Kreittmayr, Biographie, herausgegeben von *I. A. Kalb*, München 1825, Leben und Wirken des Wigulaeus, Freiherrn von Kreittmayr, München 1845

Montgelas, Erinnerungen an die Wirksamkeit des Grafen Montgelas, 2 Bände, Stuttgart 1838
Der Minister von Montgelas, eine Rechtfertigungsschrift von *H. Ritter von Lang* 1814
Rede zum Andenken an den verewigten Staatsmann Graf Montgelas von Freiherr *von Freyberg*

Feuerbach, Biographie von *Gustav Radbruch*, 2. Auflage von *Erik Wolf*

Max von Seydel, Biographie von *Hans Naviasky*

August Alckens, Die Denkmäler und Denksteine der Stadt München, 1936

Rolf Flügel »Lebendiges München 1158–1958«

Mich. Schattenhofer, »München, ein Streifzug durch seine Geschichte«

V. Hauttmann und *H. Karlinger*, München 1922

Josef Weiss, Führer durch München, 1925

FSC
www.fsc.org
MIX
Papier | Fördert
gute Waldnutzung
FSC® C083411

Kolibri 360 GmbH
Ferdinand-Jühlke-Straße 7
99095 Erfurt, Deutschland
produktsicherheit@kolibri360.de